年商30億円の限界突破

3つの鉄則

エースで4番社長
から
監督社長へ

佐々木啓治 著

セルバ出版

はじめに

私はこれまで「年商30億円」という会社にとっての「年商の壁」を超えるサポートを事業の中心として行ってきました。

そのような中で、年商30億円を超える会社と超えられない会社には、それぞれいくつかの共通点があることがわかり、それらの共通点に着目し、自社開発したノウハウを顧客へアプローチしていき、試行錯誤しながら「年商30億円超え」のノウハウとして完成させました。

「年商30億円の壁」を超えられずに伸び悩んでいる会社、そして経営者は多く存在しています。

本書は「年商30億円を超えるためにはどのような取組みを行っていけばよいのか」というテーマで年商30億円を超える会社となれるノウハウをお伝えする実務書です。

年商30億円未満の会社規模までは、社長が現場の最前線で自らが動きながら、社員をマネジメントし、社内のすべての部門でトップとして意思決定を行う、という「エースで4番」の役割をしていても問題はありませんでしたが、年商30億円を超えるためには社長が「監督」となり、組織をつくらなければいけません。

この考えは年商30億円という1つのわかりやすいラインを超えるためだけではなく、それ以降の年商50億円、そして100億円と持続的に成長していくための考え方です。

売上が増えるにつれて従業員数も増えていきます。年商10億円や15億円など、年商30億円未満の会社規模、従業員規模では社長がエースで4番の状態でも全社員に目が行き届き、統率できていた組織も、ある日から急に目が行き届かなくなる時期がきます。

エースで4番の社長が会社全体に目が行き届かなくなると、組織としての機能が低下し、結果、売上が停滞するという現象が起こる会社をこれまで数えきれないくらい見てきました。

その現象が年商30億円という「壁」である場合が非常に多いのです。それは従業員数が増えることによって起こる「組織の壁」といってもいいでしょう。

そういった壁を超えるために、社長が社内における「エースで4番」から「監督」へと変わり、現場仕事と全社員の直接マネジメントから離れ、徐々に権限移譲をしていくことで年商30億円を超える組織をつくることができます。

本書では、こういった年商30億円の壁を超える組織づくりの手順とノウハウを、実際に年商30億円を超えた企業事例とインタビューを交えながら解説していきます。貴社の年商30億円超えの実現にお役に立てれば幸いです。

2020年4月

佐々木　啓治

年商30億円の限界突破の3つの鉄則──エースで4番社長から監督社長へ　目次

第2章　鉄則1：理念・ビジョンを浸透させる

第3章　鉄則2：理念・ビジョンに向かって社員が動くシステムをつくる

第4章 鉄則3：組織マネジメント力を強化する

おわりに

第1章
年商30億円の「壁」

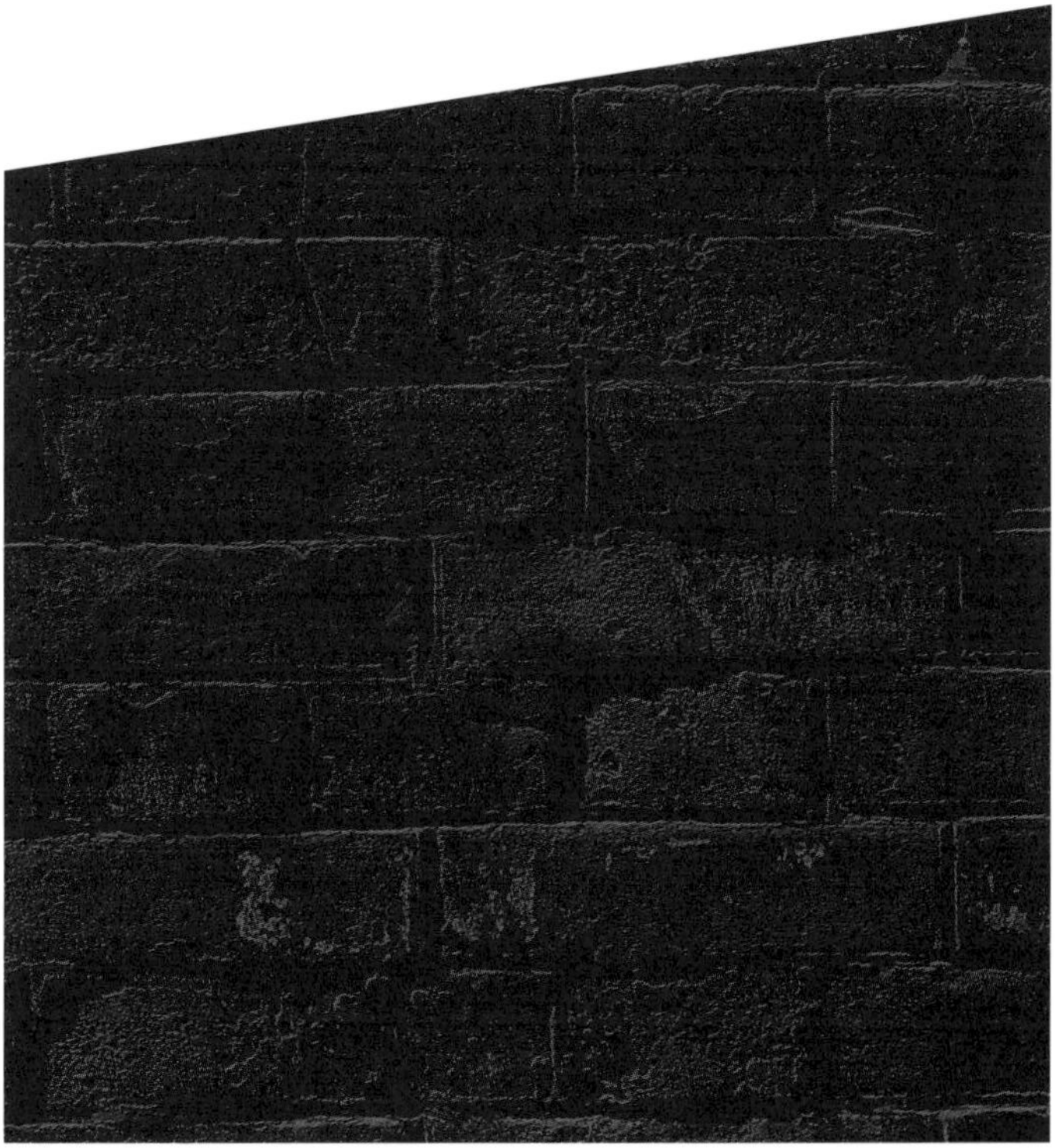

1　年商30億円を超える会社

年商30億円を超える会社は日本にどれぐらい存在するかご存知でしょうか?

図表1を見ていただくと、統計値ですが約3%です。つまり、年商30億円を超える会社というのは日本の会社の中で「売上上位3%の会社」であると言うことができるでしょう。

年商30億円の会社はそれだけ凄い会社です。同時に、辿り着くまでが非常に難しい「壁」となります。

私は独立してから10年で70社の会社をサポートしてきましたが、これまで経験の中で年商30億円を超えられない会社の特徴は大きく5つあるということがわかりました。

まずは年商30億円を超えられない会社の特徴5つについて解説していきます。

年商30億円を超えられない会社の特徴①　社長が社内におけるほぼすべての意思決定をしている、もしくは意思決定権を持っている

年商30億円を超えられない会社の特徴の1つとして、社長が社内におけるほぼすべての意思決定権を持っている状態であることが挙げられます。つまり、社長以外に社内で意思決定できる権限を持っている社員がいない、という組織です。

社長は会社のトップであり、特にオーナー企業であれば会社に何かが起こったときのすべての責

【図表１　企業の売上高別社数比率】

売上高	社数	比率	
0円～	893,314	59.28%	97.25%
1億円～	323,784	21.49%	
3億円～	96,904	6.43%	
5億円～	85,114	5.65%	
10億円～	48,691	3.23%	
20億円～	17,756	1.18%	
30億円～	9,272	0.62%	2.75%
40億円～	5,850	0.39%	
50億円～	3,965	0.26%	
60億円～	2,960	0.20%	
70億円～	2,210	0.15%	
80億円～	1,788	0.12%	
90億円～	1,443	0.10%	
100億円～	6,733	0.45%	
200億円～	2,361	0.16%	
300億円～	1,932	0.13%	
500億円～	1,482	0.10%	
1,000億円～	1,426	0.09%	

出典：リスクモンスター株式会社　リスクモンスター企業件数集計
都道府県別・売上高別企業数 2017年6月

任を被るわけなので、会社の命運を左右する意思決定を社長が行うのは当然のことです。

しかし、年商30億円を超える組織をつくっていくためには、会社の利益に大きく響くような重要案件以外や、社長がわざわざ意思決定をしなくてもいい案件などは、意思決定のプロセスを変えたり、徐々に権限移譲をして社員に任せる必要があります。権限移譲をすることで、意思決定権を持たされた社員は間違いなくこれまで以上の成長を見せます。

また「社長がしなくてもいい仕事」が減ることで、会社の将来の売上や利益アップにつながるような「社長がやるべき本来の仕事」に対しての時間をこれまで以上にとることができます。

役職あれど鍋蓋型組織

すべての意思決定を社長がする会社でも、組織の構成上、社員には「部長」「課長」「主任」などの役職が与えられ、一見すると「階層型」の組織になっています。しかし、実際には社長がすべての指揮・命令をしている「鍋蓋型」の組織になっていると言えるでしょう（図表2）。

鍋蓋型組織の場合、社員は全員「社長を見て」仕事をします。そしてその場合、役職だけのミドルマネジメントの言うことを聞く部下はほとんどいません。つまり中間マネジメントが機能していないということです。組織としてのマネジメント力が社長個人に集中している限り、ミドルマネジメントは育たず、それは社員が育つ数とスピードの低下につながります。

伸び悩んでいる会社の1つの特徴として、このような組織構造になっている場合が非常に多いです。

【図表２　役職あれど鍋蓋型組織】

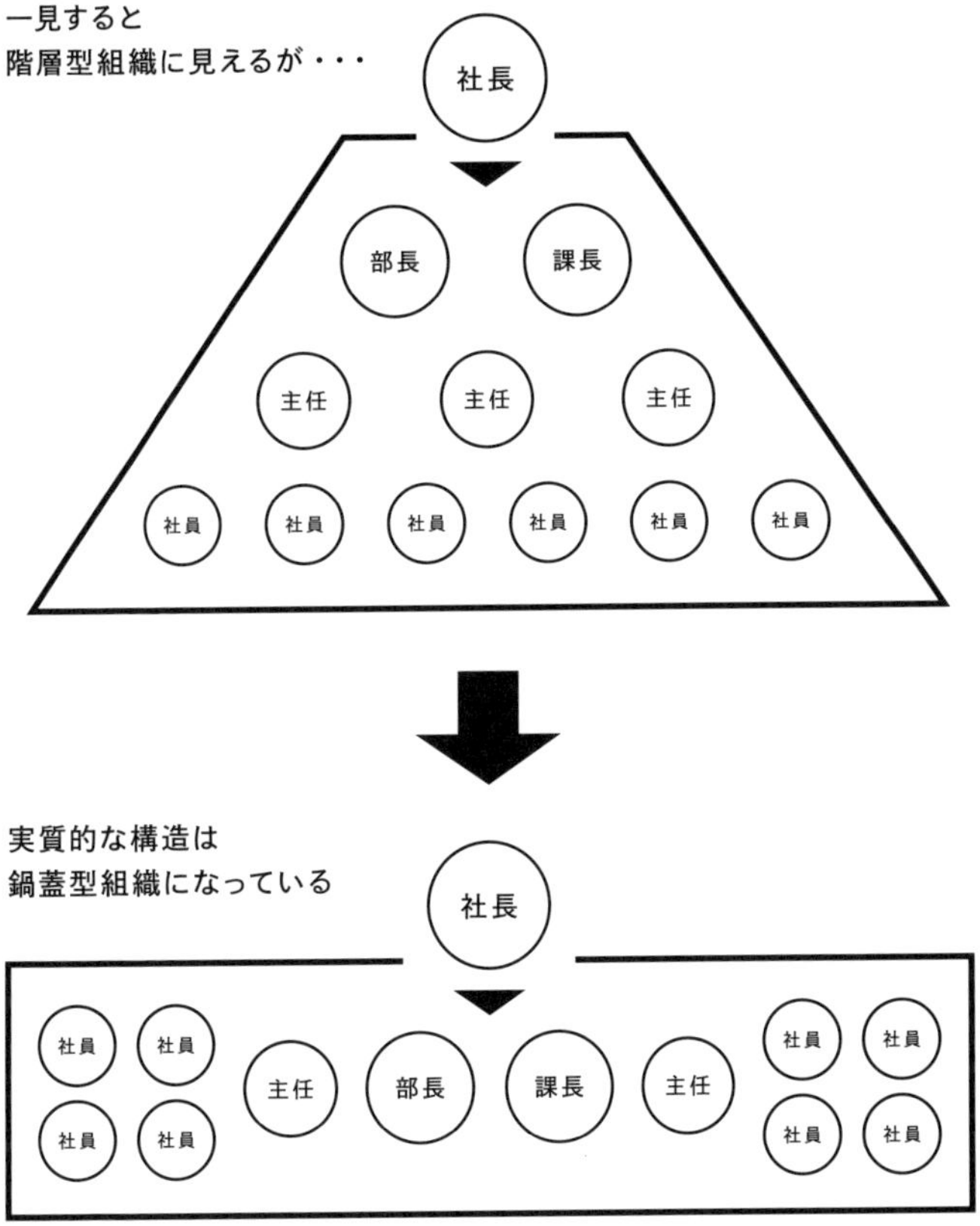

年商30億円を超えられない会社の特徴② 社長が現場のトップとして活躍している

社長が現場の最前線に立ち、営業、サービス、管理、など社内すべての部署のトップとして活躍していることも年商30億円を超えられない会社では珍しくありません。

具体的なイメージでいうと、営業においては、社長が会社の売上の半分以上を自分で稼いでいます。また、サービスにおいては提供するクオリティが社内でダントツに高い。管理に関しても、人材採用の面接は社長自身が積極的に介入し、人材評価や人材配置についても社長がすべてを決定し、経理の分野でも銀行対応やキャッシュフローを考えた資金繰り、投資案件の判断などもすべて社長自身が行います。

このように会社の機能としての「攻め（営業部門など）」と「守り（管理部門など）」の両方で社内一の活躍をするため、私は社長が「エースで4番」の状態であると表現しています。

社長1人の限界値

年商30億円を超える組織をつくる場合、社長がいきなり現場から抜ける、というのは無理がありますが、組織をつくりながら徐々に現場から離れていく必要があります。

社長がどれだけ凄いエースで4番の選手であっても、人間が1人でできることには限界があります。社長が現場のトップで活躍し続けても、売上の伸びはいつか止まってしまうのです。それは「社長1人の現場の力の限界値」でしょう。

社長自身が現場で活躍して出せる成果が「1倍」であれば、社長が監督となり社員を成長させ活躍できる人材を増やすことで、その成果が「3倍」にも「5倍」にもなります。

私は社長自身が現場トップとして活躍すればするほど、社員が育たず、気づけば「社長1人に依存した会社」になっていた、という会社を非常に多く見てきました。そういった状態でも、「自分が現場に立ち続け、会社も利益が十分に出て、従業員にも給与を多く払えてみんな幸せな会社のままがよい」という思いを持っていらっしゃれば、何も変える必要はないと思います。

しかし、年商30億円を超えていきたい、自分が現場に出なくても売上を伸ばせる会社にしていきたい、という思いを持っていらっしゃる社長であれば、社長が「監督社長」となり、現場のトップから離れられる組織をつくる必要があります。

これは社長自身が「いつまで現場に出ていたいか？」そして「物理的にいつまで現場に出られるか？」を踏まえて考えるべきことでしょう。不測の事態が起こり、社長が現場から離れざるを得ない状況になったとき、また、社長が年齢を重ね、従来の現場でのパフォーマンスを発揮できなくなったとき、安心して現場を離れられる会社であるかどうかは会社を経営している社長自身の「命題」とも言えるのではないでしょうか。

年商30億円を超えられない会社の特徴③　経営目線で仕事をしているのは社長だけしかいない

「ウチの社員には全く経営目線がない……」という社長は非常に多いのではないでしょうか。年商30億円を超えられない会社の場合は特にそれが顕著に表れます。

「経営目線」には様々な要素が含まれていますが、最もわかりやすいのは「経営数値」でしょう。より多くの売上とより少ないコスト・リスクで利益を最大化させる、という経営者にとっては当たり前の目線が社員には足りていない状態です。

経営目線のない社員の多くは、会社全体を見たときの「全体最適」ではなく、自分自身から見たときの「部分最適」の思考が強いため、そういった状態に陥りやすいと言えるでしょう。

例えば人材採用において、経営目線と現場目線では大きな違いが起こりやすいです。社員からは「忙しくて人手が足りないから社員を入れてくれ」という意見がよく出てきますが、経営目線からすると、「人材を1名採用すると年間○○万円の経費がアップする、そうなると赤字になる、または利益が○○万円減るから社員1人当たりに支払う賞与もが○○万円減る」という目線で物事を考えます。もちろん社長としては、1名採用した経費以上に利益が上がる可能性が高いと判断すれば採用しますが、そういった可能性が低ければ人材を採用することに二の足を踏みます。

このように社長と現場社員の日常業務の様々な事象に対する捉え方、レイヤーの違いが、年商30億円を越えられずに伸び悩んでいる会社には多く見られます。

目線の違いが社員との距離を離す

こういった目線のズレが生じたままだと、社長と社員の距離はだんだんと離れていくことになります。社長と社員がお互い「何でわかってくれないんだ」という思いを抱えたまま、日々フラストレーションが溜まっていきます。同じ方向を向いて仕事に取り組んでいない組織は効果的に機能しません。

社員が経営目線を持てるようになると、普段何気なく使っている会社の経費に対しても、意識の仕方が変わってくるでしょう。「とにかく売上」と思っている営業社員も利益志向がつくことによって、営業の仕方と成果が全く変わることもよくあります。自社で商品やサービスを開発している会社であれば、開発や製造に関わる上でのお金と時間両面でのコスト意識も断然違ってきます。

社長としても経営目線で社員とコミュニケーションをとれるようになれると、おのずと社員との距離が近くなり、日々の仕事がどれだけスムーズにいき、組織が効果的に機能するかが容易に想像できると思います。

年商30億円を超えられない会社の特徴④　マネジメントが個の能力に依存している

年商30億円を超えられない会社では、マネジメントが個の能力に依存している状態であることが多いです。

例えば、マネジメントの重要ポイントの1つである「部下育成」。社内に部下育成ができる人材が社長のみである場合や、上司Aと上司Bがいる場合、上司Aは部下を育てることはできるが、上司Bは部下を育てることができない。

また、その上司Aも育てられる部下と育てられない部下が存在し、部下の性格やパーソナリティで偏りがあるなどのマネジメントが個の能力に依存しているがために、部下育成にバラつきが生じる状態になっています。

このような組織の社員インタビューでよく聞く言葉は、「上司が誰かによって、自分の将来が決まってしまう」「今の上司はAさんなんですけど、自分はBさんの部下になりたいです」という言葉です。この言葉はまさにマネジメントが個についたまま放置されている組織といっていいでしょう。

そのまま状態が続くと、部下育成と同様に「目標達成度」や「業務成長レベル」、「労働時間」などにも上司によってバラつきが生じるため、「目標達成の再現性が低い」、「サービスの品質が標準化されない」、「残業時間が非常に多い」など会社として様々なリスクを抱える可能性を高めます。

バラつきの生じる組織のままであれば、当然、企業成長もスムーズには進みません。売上においても、その成長にバラつきが生じ、停滞を招く原因にもなります。

組織にマネジメント力をつける

こういった状態から脱却するためには、個ではなく組織にマネジメント力をつける必要があります。いわば「マネジメントのあり方をチェンジする」ということです。

部下育成においては、管理職に対して部下育成の仕方を教育したり、会社として部下育成の仕組みをつくるなどして、マネジメント力を「個人」につけるのではなく「組織」につけていきます。

組織にマネジメント力をつけることによって「どの上司の下であっても、会社が求める水準レベルに社員が育つようになっていく」「目標を達成する社員が続出する」「労働時間や残業時間が見違えるように減る」という結果を生み出していきます。

これができると「素養のよい人材だったから育った」「才能のない人材だったから育たなくて辞めた」ということが減り、最低限の水準を満たしている人材であれば、誰でもある程度のレベルまで育つという形で「人材育成の再現性」を高くすることができます。このような状態になれば、売上は安定的に上がっていきます。

また、マネジメントの再現性が高くなれば、人材の「アタリ・ハズレ」による「博打」のような組織づくりではなくなり、安定した組織づくりが可能となるため、会社経営をしている社長からすると安心した会社運営ができるでしょう。

そのためにも組織にマネジメント力をつける必要があるのです。

年商30億円を超えられない会社の特徴⑤　社員が一人前になる前に退職してしまう

中小企業の人材採用は年々厳しくなる一方です。そのような中で、苦労して採用した人材が1人前になる前に退職をしてしまうことも、年商30億円を超えられない会社では多く見受けられます。

「苦労したが何とか採用できて、手塩にかけて育ててきたのに3年で退職してしまった。これからというときに…」という声をよく聞きます。

退職理由は人によって異なりますが、社員が1人前になる前に退職してしまうことが長く続いている会社の場合は、退職者の退職理由はほぼ同じであることがほとんどです。年商30億円の会社規模の場合、業種によっても異なりますが従業員数はおよそ100名です。人材が定着しない会社が年商30億円を超えることは非常に難しいと言えます。

辞めてほしくない人が辞めないような構造をつくる

中小企業庁の「中小企業・小規模事業者の人材確保と育成に関する調査」（2014年12月）の資料に準拠すると、中小企業の離職率（入社3年以内）は、中途採用者で30・6％、新卒採用者で44・2％という数字が出ています。よく言われる「3年で3割辞めていく」という言葉は、残念ながら不変の法則と言ってもいいでしょう。

離職率が高い会社が決して悪いとは思いません。「組織が成長していくためには、新陳代謝こそ必要だ」と豪語する社長もいらっしゃいます。もちろんその考え方も正しいと思いますが、離職の「あり方」によるのではないでしょうか。あり方とは「辞めていく理由」と「辞めていく人」です。

もし、辞めていく社員が将来有望で「辞めてほしくない社員」だとすれば、それは適正な離職のあり方ではないでしょう。「適正な新陳代謝が必要」という考え方も、その代謝の対象は「自社にいたら、お互いが不幸になる」という社員を指していると思います。

しかし、辞めてほしくない人材の離職が続くとなれば、当然、手を打たなければいけません。

【図表３　退職を考え始めたきっかけ】

１位	給与が低かった	46%
２位	評価や人事制度に不満があった	37%
３位	残業や休日出勤が多くて辛かった	28%

出典：1万人が回答！「退職のきっかけ」実態調査　『エン転職』ユーザーアンケート
「退職を考えたことがある」と回答された方にお聞きします。退職を考え始めたきっかけを教えてください。（複数回答可）
2017年調査実績より

手の打ち方は辞めていく理由を正確に把握することです。

退職していく人材が退職理由を正直に話すことは半々ぐらいと言っていいでしょう。しかし本人から正直な理由を聞けずとも、社内に流れている雰囲気や普段の会話などから退職理由などはわかるものです。

退職理由のデータを１つ掲載します。図表３はエン・ジャパンが出しているデータで、様々な企業でも退職理由のデータを出していますが、いずれも上位の理由は似ています。特に必ず上位に上がるのが「給与」です。「離職率を下げるために、給与水準を上げましょう」とは言いませんが、自社の退職理由が給与に関連する理由が多いのであれば、辞めてほしくない人に適切な給与を払う仕組みや、将来的に有望な人に払う給与水準が「見える」ようにすることで、離職率低減に大きな効果があります。

大事なのは、いかにして辞めてほしくない人が辞めていかないような「仕組み」や「構造」をつくることです。

2　年商30億円を超えるためのポイント

階層型組織へと変貌を遂げる

このような特徴を持つ会社が、年商30億円を超える会社になるためのポイントは「組織化」です。従来の「鍋蓋型」の組織から「階層型」の組織へと変貌を遂げる必要があります。役職がある、という「形式上」だけの階層型組織ではなく、「実質的」な階層型組織でなくてはなりません。

実質的な階層型組織とは「マネジメントが機能している」組織であることです。マネジメントが個についている場合、目標管理や部下育成などのマネジメントにバラつきが生じるため、マネジメントが機能しているとは言い難い状態です。

そうではなく、会社や組織にマネジメントがシステムとしてつくることで目標管理や部下育成などのバラつきや波がなくなり、安定的に売上を伸ばして成長していけるような組織が、マネジメントが機能している「実質的な階層型組織」です。

社長がエースで4番から監督に

実質的な階層型組織となるためには、社長が「エースで4番」の役割から「監督」へと役割を変えていく必要があります。野球に例えると、社長自身が「投げて」「打って」「守って」「仲間を引っ張る」という「プレイヤーをしながら直接マネジメントする」役割から、「コーチをマネジメントする」「コーチに選手を育ててもらう」「コーチに選手をマネジメントしてもらう」という「監督の立場で間接マネジメント」をする役割へと変えていく、ということです（図表４）。

これを会社に置き換えると、社長自身が自ら全社員のマネジメントをする形から、管理職といわれるミドルマネジメントに社員への直接マネジメントを移譲し、自身が監督として管理職をマネジメントする、という組織構造をつくらなければいけません。

その構造をつくるために、いかにしてマネジメントを機能させ、今以上に組織を強固なものにしていくかが年商30億円を超える最大ポイントです。

年商30億円を超えるための３つの鉄則

このように、エースで４番の社長が監督社長になることで年商30億円超えを実現する組織をつくることができますが、そのような組織になるためには３つの鉄則があります。

この３つの鉄則は、私がこれまで、「年商30億円」という会社にとっての「壁」をどのように超えていくか、というサポートを中心に行ってきた中で、自社開発したノウハウを顧客へアプローチしていき、試行錯誤しながらノウハウ化した法則です。この法則は業種関係なく、どのような会社でも再現性が高く成果の出る法則です。

次章より解説するその３つの鉄則を実践し、年商30億円を超える組織をつくっていきましょう。

【図表４　エースで４番社長から監督社長へ】

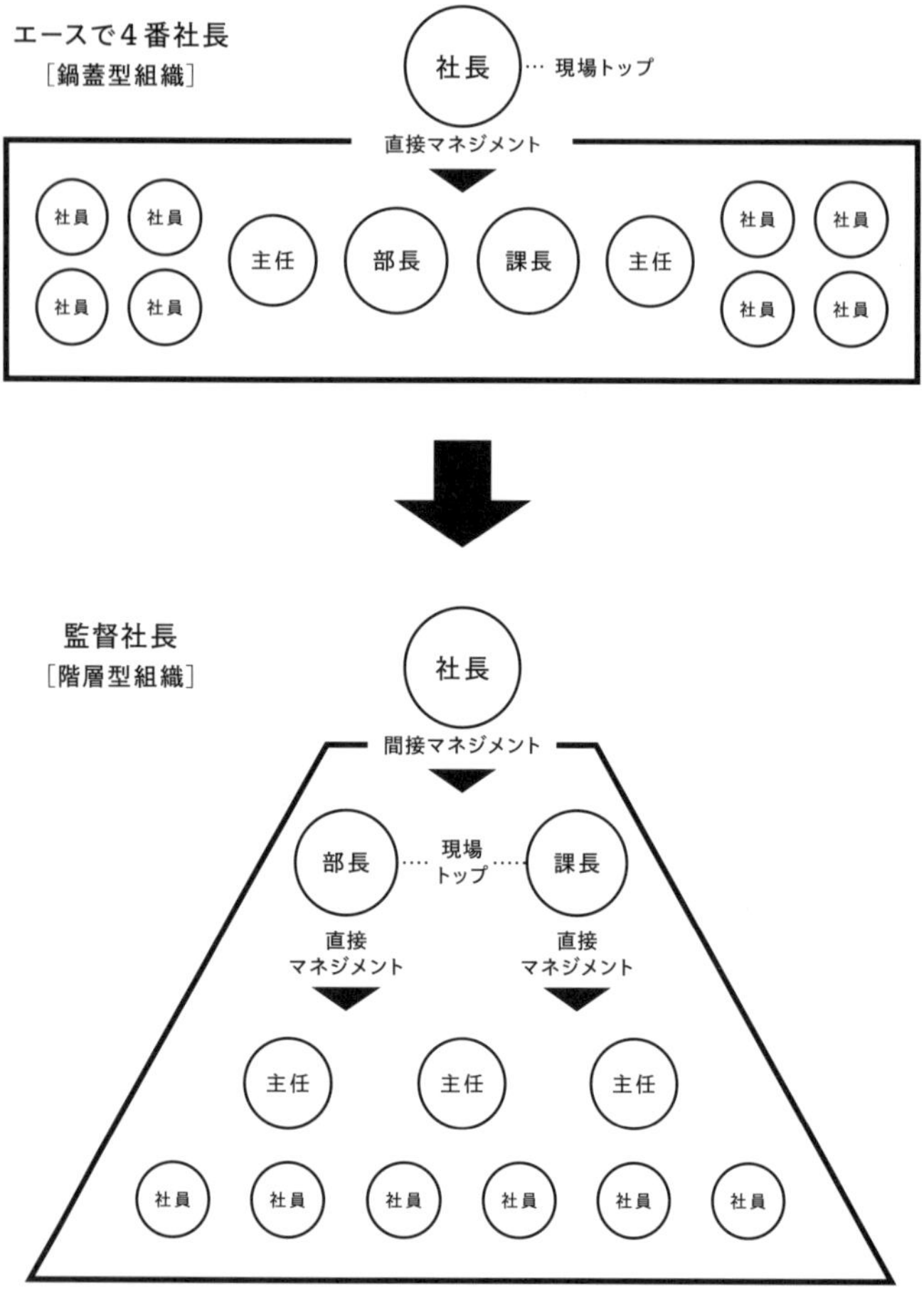

第2章
鉄則1
理念・ビジョンを浸透させる

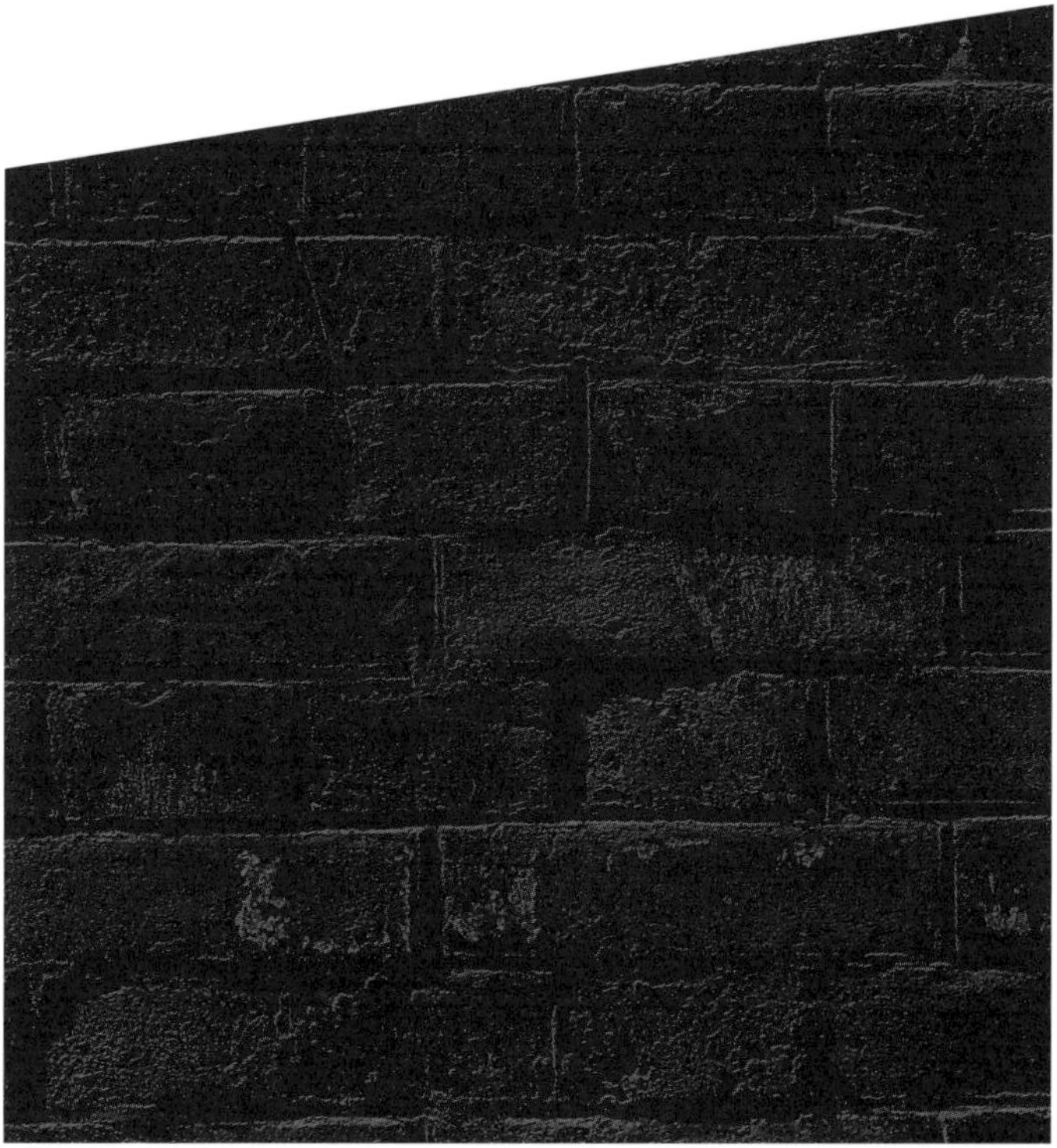

1　理念を浸透させる

理念とは

年商30億円を超えるための1つ目の鉄則は、自社の理念・ビジョンを浸透させることです。まずは理念です。

御社には理念があるでしょうか。

理念がない会社もあるでしょうし、会社によっては社長室に、またオフィス内の一番目立つ場所に直筆で額縁に入れられた理念が飾られているかもしれません。

理念には「経営理念」や「企業理念」など様々な表現がありますが、端的に言えば「会社が存在する理由」を言語化したものです。会社を1つの家・家族として置き換えたとき、その家のルールと言ってもいいでしょう。

すなわち理念とは会社の「価値観」と「ルール」です。こういった価値観とルールである理念が明文化されていて、社員の中で認識や思いが統一されていないと、組織として機能することは非常に難しいといえます。

この理念が浸透していなくとも、年商30億円という壁を超える会社はもちろんあります。しかしそういった会社の多くは、斬新な商品・サービスを開発していたり、マーケティングモデルが優れていたり、ビジネスモデルや戦略が市場に対して見事にハマったり、という組織以外の要因である場合がほとんどです。

年商30億円を超えられずに足踏みしている会社の多くは、理念が全社員に浸透しておらず、組織として1つのチームになれていません。

理念が浸透していると思っていたC社

当社の顧客で千葉県にある住宅設備の専門商社、C社があります。創業30年の歴史をもち、長く地域に根差した商売をし続けて、安定的に売上を伸ばしてきました。そのようなC社の社長が当社に相談にきたのが２０１５年。「ここ5年、年商20億円から22億円の間を行ったり来たりしています。よい意味では安定していますが、悪い意味でしか捉えていません。停滞しています」ということでした。「5年前の時点では、今年年商30億円を余裕で超えている、そんな勢いでしたが、ピタッと売上が止まってしまいました。何とか年商30億円を超えたいんですが……」そのようなお悩みでした。

そして私がいくつか質問をしていく中で理念浸透の話になりました。

私は社長に「御社に理念はありますか？」とお聞きしたところ、C社の社長は「あります！」と言って、私に自社の会社概要を差し出しながら、自社の理念を熱く説明してくれました。

私は「ありがとうございます。この理念は御社の社員、全員に浸透していますか？」とお聞きしました。そうするとC社の社長は「もちろん！　毎朝、朝礼をするのですが、その朝礼の場で全社員がこの理念を唱和していますし、普段からリッツカールトンのクレドのように、全社員に小さくカードにして持ち歩いてもらっています」と自身満々に答えてくれました。

その社長の言葉を聞いた私は「それはよい取り組みをされていますね。それでは社員の方々が御社の理念を体現している、日々の具体的な行動やエピソードにどのようなものがあるか教えてください」とお聞きしました。

そうすると社長はみるみる顔を曇らせ、「……」としばらく沈黙してしまいました。最後の「社長は社員の皆さんが理念を体現するような統一した行動をとっていると感じていますか？」の質問に対して「いや、していません……」という力のない答えが返ってきました。

理念を浸透する上でC社のように毎朝の朝礼で唱和している会社も多くあるでしょう。有名なリッツカールトンのクレドの考えに共感して、理念を小さなカードにして持ち歩かせる会社も多くあります。そういった手法も理念浸透する上では効果的な手法の1つではありますが、残念ながら、唱和や持ち歩かせるといった手法だけで理念を浸透させることは非常に難しいです。

理念は、全社員がその価値観やルールに沿って統一した行動をしている、という「現象」が目に見えて初めて「浸透している」と言えます。理念を社員全員が「言える」「持ち歩いている」というだけでなく、いかにして理念を体現できているような行動を全社員が常にできているか、という状態をつくるかが年商30億円超えの土台です。

【図表５　理念の企業例】

共有を広げ、世界をもっとオープンにし、
人々の繋がりを強める

—— Facebook ——

服を変え、常識を変え、世界を変えていく

—— ファーストリテイリンググループ ——

人は変われるを証明する

—— RIZAP グループ ——

優良なイタリアのデザインと職人の技で、
どこを走ってもユニークなスポーツカーを造る。

—— フェラーリ ——

食卓に、温もりの魔法を。

—— タイガー魔法瓶株式会社 ——

空気を変えよう

—— エステー ——

理念に共感できる人材だけが残る会社

理念に共感できる人材だけがいる会社と、共感できない人材が多くいる会社とでは、組織としての機能の仕方が全く変わってきます。

私は学生時代、部活動でバスケットボールをずっと続けてきました。例えば理念共感をバスケットボール部に例えるならば、まず部員を集める上で間違っても「野球のほうが好きです」という人材や「サッカーやりたいんですけど、バスケも同じ球技だからいいですよね？」というルールを履き違えている人材を入部させてはいけません。

そういった人材で寄せ集めたバスケ部が試合で勝負になるどころか、試合が成立するかもわからないチーム状況に陥るのは目に見えています。

そうではなく、バスケ部をつくるのであれば、まずは「私たちはバスケ部です。バスケットボールが好きな人、興味のある人だけ入部してください」と宣言しなければいけません。この宣言が理念の根幹に当たります。

また、この宣言だけではなく「何を目指すのか」の価値観も統一されていなければいけません。バスケが好きでバスケットボールをやりたい人を集めても、目指す目標や方向性が違います。「インターハイで優勝を狙う」という人材と「おれは勝ち負けに拘らず、みんなで楽しくバスケができればいい」という人材が混ざってしまった場合、チームとしての方向性、ベクトルが全く合わないことになります。

それは日常の練習方法も練習に対する姿勢も異なります。インターハイで優勝を目指すチームであれば、チームの全体練習では倒れて動けなくなるほどの練習をこなし、全体練習後も個別の居残り練習でシュートの練習を300本やる、などインターハイで優勝を狙うチームとしての「ルール」が自然とできあがりますが、「楽しくバスケができればいい」と思っている人材はこういった練習は苦になりますし、しようともしません。

逆に楽しくバスケをしたい人材の練習は至って楽であるため、インターハイで優勝を狙いたい人材にとっては不足だと感じますし、「なぜもっと練習しないんだ」と不満も溜まります。

このように価値観がバラバラな人材が集まってしまうと、チームとして1つになることは難しいでしょう。

会社も同様で、この会社は「何を目指す会社」で「どのような価値観なのか」を明確に指し示し、それに共感した人材のみがいる組織こそ、成果が最大化される機能した組織になるのではないでしょうか。

理念のつくり方

理念を浸透させるためには、まず理念そのものがなければいけません。すでに理念のある会社は後述する「浸透の仕方」をご覧いただくとして、先に「現時点で理念がない会社」「これを機に理念をつくり直してみようと思っている会社」が理念をつくる方法についてお伝えしていきます。

理念をつくるにあたっては、2つのプロセスがあり、「社長1人で考える」というプロセスと、「社員とともに考えていく」プロセスがあります。どちらのプロセスにもそれぞれメリットとデメリットがあります。

社長1人で考えるプロセスの場合、メリットは社長が思い描く「なりたい会社」のイメージをそのまま表現できることです。デメリットは、社長の想いのみが表現されているため、社員の考えとギャップが開いてしまう可能性があります。その場合は社員に浸透するまでに長い時間を要することになり、最悪は理念発表や浸透の段階で共感できない社員は辞めていく可能性もあります。

社員とともに考えていくプロセスの場合のメリットは、理念をつくる過程の中で社長と各社員の想いをぶつけ合えるため、できあがった段階ですでに共感が生まれている場合が多いです。当然、社員への浸透のスピードも速くなります。デメリットは、つくりあげるまでに時間がかかることです。人の価値観は様々で、その価値観をすり合わせていくので、それを収束していくにはやはり時間がかかります。

どちらのプロセスが正解ということはありません。観点としては、年商30億円を超える組織づくりをしていくために、「社長が理念を掲げて、共感できる人材だけ残ってくれたらOK。そこからもう一度組織をつくり上げていく！」という覚悟で取り組むのであれば、前者がおすすめです。「理念をつくりあげるところから今いる社員たちと価値観をすり合わせて、徐々に組織をつくり上げていく！」というプロセスを望むのであれば、後者をおすすめします。

社長１人でつくる場合

まずは社長1人で理念をつくる場合ですが、何がベースになるかと言えば「社長の会社に対する想い」です。その想いをあぶりだすことをしていきましょう。あぶりだす方法は当然文字化することです。パソコンで文字にしてもいいですが、個人的には紙に書くことをおすすめしています。手書きの字にこそ想いが宿るのではないかと思うからです。

社長の想いを言語化する質問は次のようなものです。

①自分が会社として「こうありたい姿」はどのような姿か？

この質問に対して、社長の想いをなるべく多く書いてみてください。

例えば、「社員1人ひとりがやりがいを持って、能動的に仕事をしている会社」「社員それぞれの同年代の友人より必ず給料が高い会社」「お客様に会社名ではなく個人名で呼ばれ、お客様から人間として信頼されている社員が揃っている会社」「お客様の手元に一生残る商品を提供する会社」のようなイメージで文字化してください。20～30個程度書けるといいでしょう。

②自社が会社として「絶対こうはなりたくない姿」はどのような姿か？

次は逆に、この質問に対して社長の想いをなるべく多く書いてみてください。

例えば、「社員がすぐに辞めてしまう会社」「社員が日々嫌々仕事をしている会社」「お客様から業者扱いされてしまう会社」「提供する商品がすぐに使われなくなり、捨てられてしまう会社」のようなイメージです。こちらも20～30個程度書いてください。

この2つの質問について書き終わったら、答えを「社会」「従業員」「取引先」「顧客」などのカテゴリーに分けてください。各カテゴリーで見てみると、社長自身が一番熱く想っている部分が浮かんできます。そうすると、会社の存在意義が見えてくるはずです。

こういった形で会社に対する想いが表面化されると、ある程度理念の言語化ができてくるはずです。ただ、もう少し詰めていきたいと思った場合は、観点を絞った形で質問を追加していきます。

③自社が現在、顧客に与えている価値は何か？

④自社が現在、顧客に選ばれている理由は何か？

「ビジネスの目的は何か？」の問いに、マネジメントの父と呼ばれる有名な経営学者ピーター・ドラッカーは「顧客の創造」と答えています。顧客があってはじめてビジネスというものが成り立つので、これが基本的な考え方と言ってもいいでしょう。

であれば、③④のように会社の存在意義として、「顧客」にフォーカスを当てて考えていくと、自社の理念が更に突き詰められるのではないでしょうか。

自社が顧客に与える価値と、また顧客に選ばれる理由を考えることは、会社の存在価値を考えることと同義です。③④の質問に関しては、理念をつくる目的以外でも、自社のビジネスや戦略を見つめ直す意味でも有効です。

この4つの質問を紙になるべく多く書き、そして収束させていくことによって、社長の想いがつまった理念ができあがります。

社員とともに考えていく場合

社長と社員が一緒に考えていく場合ですが、社長1人で考えるプロセスを全体で行っていくイメージです。ここでは当社が理念をつくるサポートをする際のよく使う方法でお伝えしていきます。

当社では、理念構築セッションと呼んでいます。このセッションでは理念の構築だけではなく、理念の浸透も同時にすることも狙いとして持っています。

理念をつくり上げる観点はいくつかありますが、当社ではコアな要素として代表的な5つの質問でセッションしていきます。

①自社の使命は何か？
②自社の顧客は誰か？
③自社が顧客に提供できる価値は何か？
④自社は何をもって成果と考えるか？
⑤自社は将来どうありたいか？

社長1人でつくるプロセスの質問と同じような質問もありますが、社員とつくりあげる場合はこれらの質問をコアにしています。

その会社の状況によって、これらのコア質問は変えますが、こういった質問から自社の価値と存在意義を共有しながら固めていく作業をしていきます。

このプロセスで理念をつくっていくと、社長や社員からは「社長はそんな風に思っていたんですか？」や「○○さんはそんなことを普段思っていたんだ。意外だった」という会話がほぼ100%の確率で出てきます。

普段、自分では「みんなわかっているだろう」と思っていたことが伝わっていなかったり、「自分はこう思われていたんだ」という驚きがあったり、こういった場を機にして「今まで思っていたけど言えなかったこと」をぶっちゃける社員も出てきたりと、様々な発見があります。

その過程の中で、経営者と社員それぞれがどのような理解と認識をもっているかが共有でき、それぞれがディスカッションをし、言語化をすることで理念の浸透も同時になされていきます。

このようなセッションを通して、理念として1つの言語を完成させるとともに、会社によっては理念をさらに「ミッション（使命）」や「バリュー（価値）」として具体化した形で言語化をしていきます。

理念を浸透させるには

理念がすでにある会社の場合は、その理念を浸透させていく必要があります。一朝一夕で理念は浸透されません。理念を浸透させるにはある程度の月日を要します。そもそも理念が浸透されている状態はどのような状態かと言うと、社長含め全社員が自社の理念に沿った「行動」ができている状態です。

思っていたとしても、それが行動に出なければ意味はありません。だとすれば、その理念を体現する「具体的な行動」は何かを示さなければいけません。理念は抽象的な表現になりがちですので、具体的な行動として明示するにあたっては「行動指針」をつくっていきます。

行動指針とは、「自社の社員が積極的に行うべきこと」であり、「どのような考えでどのように行動するか」の方針を示したものです。

この行動指針が明確であれば、「その行動はウチの会社っぽいよね」や「その行動はウチの会社ではありえないでしょう」という基準とフィードバックが可能になります。逆に明確でないと、どのような行動が称えられ、どのような行動が非難を浴びるかのかが不明確になってしまいます。

会社のＤＮＡと風土

この行動指針とほぼ同義なものとして「社是」があります。

有名なリクルートの旧・社是は「自ら機会を創り出し、機会によって自らを変えよ」でした。

私が新卒で入社した会社は元リクルートのトップセールスが独立して立ち上げた人事コンサルティングファームでした。

「3年で1人でも生きていける力をつけることができる」という採用キャッチコピーに惹かれて入社したその会社でも、隠然とリクルートの社是がＤＮＡとしてあったように思います。ちなみにその会社の理念の1つは「雇われないでも生きていけるような人が集う場所でありたい」でした。

私自身がこの理念に共感していたのはもちろん、実際に同期で入社したメンバーも、先輩社員や後輩も「将来、独立したい」「スピード早く成長したい」という人材がほとんどでした。

「独立したくて、成長したくてこの会社に入社したのであれば、その成長する機会を自らつくりなさい」。表立って言われたことはありませんでしたが、ほとんどの社員がそういった考えに共感し、行動に移していました。その会社で称えられる行動は何か、非難される行動は何かがハッキリとわかっていた気がします。

こういった例からも、理念と理念を体現する行動指針が明確であり社員に浸透することによって、社内には社長が「そうあって欲しい風土」が醸成されていきます。

ディズニーの凄さ

また、理念が浸透されて行動指針が明確な会社で有名なのはディズニーです。東京ディズニーランドでは「パーク運営の4つの鍵」としてSafety（安全）、Courtesy（礼儀正しさ）、Show（ショー）、Efficiency（効率）という4つの行動基準を設けています。

これらは優先順位の高い順に並んでいて、ＳＣＳＥの優先順位を守り、行動することによってゲストにハピネス（幸福感）を提供する、ということが浸透されています。

東日本大震災のあった日に来園していた約2万人の来園者に対して、ディズニーのキャストが無償で暖を取るために売り物のぬいぐるみを配ったり、お腹が空かないように売り物のお菓子を配ったりしたことは有名ですが、これは行動基準で一番優先順位の高いSafety（安全）を基に行動したからです。

これらの行動は各キャストが自分の判断で行ったことで、先輩や上司から指示されたわけではなかったそうです。売り物を無償で配布するわけなので、通常であれば先輩や上司の確認をとらずに行うと、怒られたり、懲罰などがあるかもしれませんが、もちろんそのようなことはありませんでした。行動基準に則した行動であるため、むしろ褒められる行動だったのでしょう。

結果的に後日営業を再開したディズニーには「どうしてもあのときのお礼を言いたかった」と震災当日にディズニーにいた多くの来園者が再来園したそうです。

してほしい行動をしないのは誰のせいか

「これが正しい行動だ」と定義されれば、人は正しい行動をしやすくなります。自社の理念を社員が体現していないのは、行動指針のような「会社として称賛される行動」をしっかりと明示していない会社に多いです。

また、行動指針を明示していたとしても、その行動を社員がとっていない会社も多く存在します。先述したC社もその１つでした。C社では30年前の創業時から社長が「７つのC社らしさ」というタイトルで行動規範をつくり掲げていました。これも朝礼で毎朝全社員が唱和をします。

顕著だったのはその７つの行動規範のうちの１つに「社内の士気が上がるような挨拶を社員同士が積極的にし合おう」というものがありました。具体的には、社員の１人が客先へ向かうためにオフィスから出ようとする際は、「行ってきます！」と大きな声で挨拶してから出ていく。それを聞いたオフィス内にいる社員は全員で「行ってらっしゃい！」と言う、そのような行動です。

私が社員インタビューをするためにC社のオフィスに行ったときです。オフィスの雰囲気を見たかったので、あえて個室ではなくオフィスの一角に仕切られた打ち合わせスペースで社員インタビューをしていたのですが、社員がオフィスから営業に出ていく様子が見られたとき、その社員は聞こえるか聞こえないかギリギリの声量で「行ってきます」と言って出かけました。そしてオフィス内からは2人ぐらいの女性事務社員が、こちらも聞こえるか聞こえないかギリギリの声量で「行ってらっしゃい」と言っていたのです。ちなみにオフィス内には15名以上の社員がいました。

その後も何度かそういった場面を見かけましたが、いずれも同じような現象が起きていました。社員インタビューが一通り終わった後に、社長と打ち合わせをしました。そして社長にその状況を伝えると、「そうなんですよね。毎朝言ってはいるんですが、なかなか皆声を出さなくて……」と半分あきらめかけたように苦笑いをしていました。

私はもう1つ気づいたことがあったので、社長にそれを言いました。

「挨拶をしていない人はほぼ同じだったのですが、○○部長と○○課長は挨拶の声掛けを絶対にしませんよね？」

そういった私に社長は「そうなんです。上の者ほどやらないんですよね」と言いました。

その言葉を聞いた私は、「もしかして」と思ったのでストレートに聞きました。

「社長もやっていないんじゃないですか？」

Ｃ社の社長は観念したように「そうですね……。全くやらないわけではありませんが、声を掛けるときと掛けないときがあります」と言ってくれました。

会社は組織で、部下は上司を見ています。会社で上の立場である方々が「自社の社員としてやって欲しい行動」を取らなければ、下の社員もやるわけはありません。いくら理念を浸透しようとしても無理でしょう。頭ではわかっているこの当たり前の感覚を、実際にはできていない会社が非常に多いです。理念を体現するスタートの大前提は、社長を含め、会社の上の立場の方々の意識と行動の改革にあります。

2　ビジョンを浸透させる

ビジョンとは

次にビジョンの浸透です。ビジョンは会社によって定義と表現に様々な違いがありますが、当社では「自社の中期的な将来イメージを具体的に示したもの」と定義しています。

理念が「会社の存在意義」つまり「なぜ存在するのか？」の問いだとすれば、ビジョンは「目標」つまり「何を目指すのか？」の問いです。

会社は突き詰めると利益追求の集団です。利益がなければ、存続することができません。会社の存在意義を保つための利益、そして利益以外の部分においても「どこに向かって走っていくのか」を明確にすることが必要です。

ビジョンが浸透されると、会社としてのあるべき未来像がハッキリするので、社員のベクトルが揃います。社員全員が同じ方向を向いて突き進む組織ほど強いものはありません。社内に共通した意識と結束力を生むために、ビジョンの浸透は必要不可欠だと言えるでしょう。

そのビジョンは大きく次の3つで表現します。

①経営数値
②戦略
③組織体制

ビジョンというと、「数値目標だけではないんですか？」とよく聞かれます。もちろん数値目標は必須です。しかし当社では数値目標だけではなく、戦略と組織体制もビジョンに含むという考え方をしています。

なぜかと言うと、「ビジョンは何を目指すか」というゴールであるため、その「どのように目指すか」「どのような体制で目指すか」も含めて1つにしたほうが、社員への浸透度が深くなり、具体的なアクションに繋がるからです。

この3つの要素で会社が「何を目指すのか。どのように目指すのか。どのような体制で目指すのか」を明確にし、全社員に浸透させていきます。

このようなビジョンは「中期経営計画」とも言えます。

「中期経営計画はいつもつくっている」

「毎年、中期経営計画を発表している」

経営者がこう言われるのをよくお見かけしますが、その中期経営計画が全社員に浸透しているかというと、そうでない場合のほうが多い気がします。

年商30億円未満の会社の経営者は、ほとんどがエースで4番であるため、「中期経営計画を自分ですべて考え、期初に全社に発表する」という全社共有の仕方をされることがほとんどです。こういった形態でビジョン、中期経営計画を浸透させようとしてもなかなか難しいです。

「いつも言っているから社員はわかっているだろう」

これを口癖のように言っている経営者の会社ほど、ビジョンを全社員が理解、浸透していないケースが非常に多いのです。

何事も浸透させるには、まず理解をしてもらわなければいけませんが、その時点で躓いている会社も珍しくありません。人が物事を深く理解し、習得するためにはその手法とプロセスが非常に大切です。

アメリカ国立訓練研究所が発表した研究結果で、「ラーニングピラミッド」というものがあります。どのような学習方法がしっかり頭に残るかを分類してピラミッド型の図表6にまとめたもので、7つの学習方法を学習の定着率順に並べているものです。

【図表6　ラーニングピラミッド】

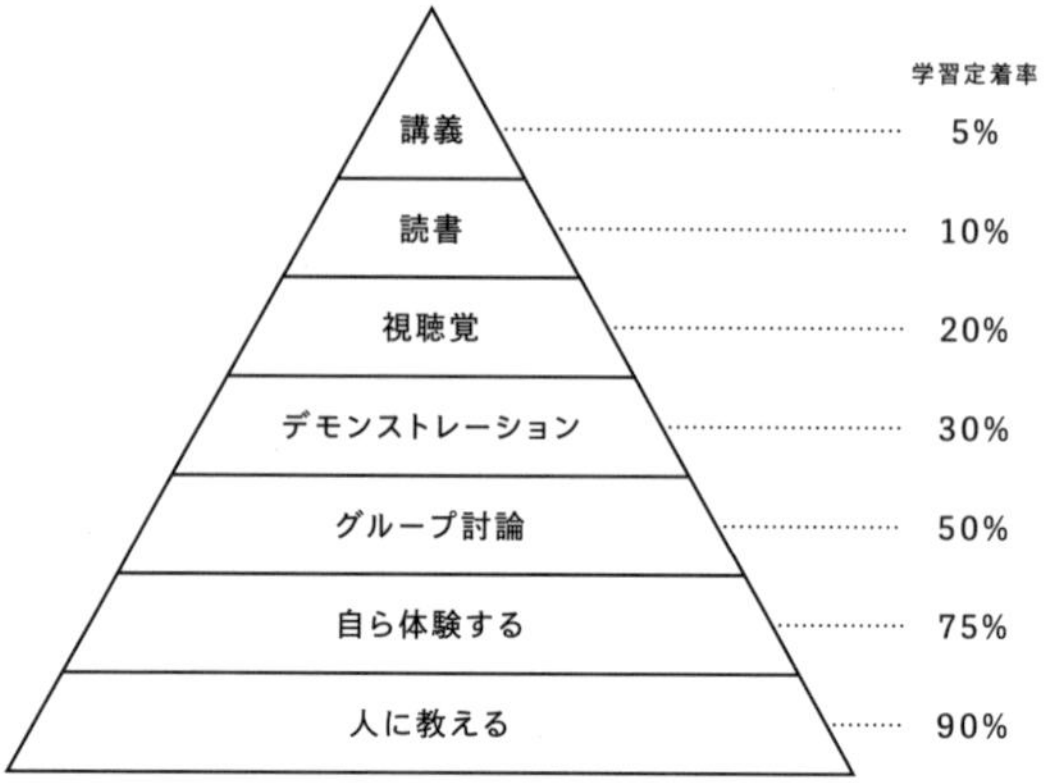

図表6からもわかるように、人は講義、つまり人の話を聞いただけでは5％しか頭の中に定着しません。それ以外にも「読書」や「視聴覚」、「実演説明」などのいわゆるインプットのみでは最大でも30％しか定着しないのです。

それとは別に「議論」や「体感」、「教える」などのアウトプットを取り入れることで、定着率が飛躍的に向上します。

ビジョンの浸透も同じです。期初に経営者が自ら考えたビジョンを全社員に一方的に「講義」しても社員の頭の中にはほとんど定着していないのです。当然そのビジョンは浸透しているとは言えないでしょう。ビジョンを浸透させるためには社員にもアウトプットしてもらう必要があります。

当社で顧客のビジョン浸透をサポートする場合、必ずアウトプット型のワークショップを行います。企業規模にもよりますが、なるべく多くの社員に参加してもらい、経営者とともにビジョンを考えながら構築する過程を経て浸透させていきます。

ビジョンは先述したとおり、

①経営数値
②戦略
③組織体制

この3つの要素で表現していきます。以降で具体的にどのような形でビジョンを構築し、浸透させていくかをお伝えしていきます。

経営数値の浸透

経営数値はビジョンという表現の中では最もわかりやすいものでしょう。「○年後に年商○億円」という表現が一般的です。このような売上だけのビジョンを明確にするだけでもよいのですが、本当の意味で全社員に経営数値のビジョンを浸透させていくためには、売上以外の数値も理解し、共有していく必要があります。

売上以外の数値とは、経営者が日々当たり前に意識している「原価」や「粗利益率」、「販売管理費」から「営業利益」などです。これらの数値を普段意識していない社員に共有し、考えてもらうことで浸透度の深さも変わってきます。また、そういう数値を理解することで、社員の日常の仕事に対する意識や取組み方にも変化を与えることができます。

オープンブック・マネジメント

オープンブック・マネジメントとは、企業の財務諸表や業績管理指標を全従業員に公開し、そのデータの読み方を教育することにより、全員参加型の経営を行っていくマネジメント手法です。

売上だけではなく、経費にはどのような種類があり、いくらかかるもので、結果的に利益はどのように出していくのか、という部分を社員にもしっかりと理解してもらうことで、経営に対する透明性が高くなり、会社や仕事に対するモチベーションにも変化が起こります。

こういった手法で売上以外の数値も理解してもらった上で、数年先の経営数値のビジョンを社員がディスカッションすると、ビジョンの浸透が加速していきます。

3章でも触れていきますが、この経営数値を社員が考えていく観点の1つに「賞与」があります。例えば「営業利益の○%を賞与原資として確保し、全社員へ賞与分配ルールに則って分配する」というメッセージがあれば、いかに多く全社として利益を出して、より多く賞与をもらうか、という社員のモチベーションの1つになります。

このような手法で経営数値のビジョン構築を行った当社の顧客では、「経費意識が劇的に変わった」と言う声がよく挙がります。普段何気なく使っている経費もすべて利益を圧迫し、「賞与原資が減る」という意識をもつのでしょう。

また「残業時間が明らかに減った」という声もよく聞きます。残業代も経費であるため、残業が増えれば増えるほど賞与原資が減り、全社員の取り分が少なくなる、ということです。これにより「残業しないためにどのように効率的に業務を行うか」といった前向きなディスカッションが常に社内で行われるようになります。

これは前章の年商30億円を超えられない会社の特徴の1つでもお伝えした「経営目線」です。経営数値を理解し、その数値に携わるプロセスと日常業務が結びつくことによって、社員1人ひとりの経営目線が養われていきます。

必ずオープンブックではない

ただ、このオープンブック・マネジメントは企業状況によって実施したほうが効果の高い会社と、実施して逆効果になる会社があります。逆効果になる場合の会社や、オープンブックすることで何らかのリスクが想定されそうであれば、無理には実施しないほうがいいでしょう。

しかし情報開示は制限しながらも、財務諸表を中心とした「会社の数値」というものを全社員にも理解してもらい、それを基に経営数値のビジョンを社員と一緒に考えていくことが全社に浸透させる近道になります。

「売上」や「原価」、「粗利益」という数字を意識している社員は多いと思いますが、「販売管理費」や「営業利益」までを意識している社員は少ないです。販売管理費の主要項目をしっかりとレクチャーするだけでも社員の意識が変わることが多くあります。

また「なぜ利益が多くても賞与の額を制限しているか」「なぜ黒字（場合によっては赤字）にし

ている か」など社員目線ではただの不満や疑問でしかないことも、会社目線での経営数値戦略の考え方を落とし込むことで、数値への捉え方や意識が全く変わってきます。

思いっきりジャンプしたら、何とか届きそうだと思う目標

経営数値のビジョンは、社員にとって一番リアルに感じられる目標です。その際にやってはいけないことが、「絶対無理だと最初から諦めてしまうほど高い目標」や「今と同じことを毎日やっていれば余裕で達成できる目標」を設定してしまうことです。

よく「目標は高く」と言われますが、高すぎる目標は社員のモチベーションを下げてしまうだけになります。「絶対無理」と思いながら、日々仕事をしても成果は絶対に出ません。5階建てビルを見上げて「5階に目的のものがあるから頑張ってジャンプして取ってみなさい」と言われているようなものです。

逆に低すぎる目標でもダメです。「今と同じことをやっていれば余裕だな」と思った瞬間に、多くの人は無理に頑張ることをしなくなります。頑張ることをしなくなるというのは、働く時間や質もそうですが、「思考」をしなくなるということです。日常の仕事をより成果を出すため、そしてより生産性を上げるための創意工夫など、人は思考をして初めて成長していきます。

5階建てのビルでも、目の前に目的のものがあれば何も考えず、動くことなく簡単に手に入れるでしょう。思考停止は組織成長する上で天敵とも言えます。

だとすれば、目標は「思いっきりジャンプしたら、何とか届きそうだと思う目標」に設定するのがベストです。5階建てのビルでも1階の天井に目的のものがある状態です。「ちょっと厳しそうだけど、思いっきりジャンプすれば、手に入れることができそうかな」と社員が思えるレベルだと、何とかしようと思考を巡らせ、意図的に成長できるような構造をつくることができます。

「前年対比」で白ける社員

経営数値は「会社の道」「会社の意思」そのものなので、これまでお伝えしたような社員と共に考えながらつくるというプロセスもあれば、「ここだけは自分で決めたい」という社長もいるでしょう。社長が1人で決めるというプロセスも1つの手法だと思うのでいいのですが、その際に絶対おすすめしないのは「前年対比で○%アップ」という数値設定の仕方です。

神奈川県にある物流会社N社は年商17億円の規模で、ここ4年売上が停滞していました。そのN社ではオーナーである社長が毎年中期経営計画を作成し、期初に全社で発表するという形をとっていました。そんなN社の社長が当社に相談にいらっしゃったとき、開口一番こう言ったのです。

「毎年期初に中期経営計画を発表するんですが、ほとんどの社員が興味なさそうに聞いているんです」。

聞くところによると、N社では「会議の場で発言するのは社長のみで、会議ではなくもはや社長の独演会になっている」「全社の至る所で細かい指示をして、自分の思うように社員を動かしたい」

という状況が日々起きている典型的な「エースで4番社長」の会社でした。

とはいえ、強引に引っ張るというわけでもなく、どちらかと言うと堅実成長志向で「いい親方」のような社長です。実際に社員インタビューで社長の評判を聞いても、「父親のように社員に接してくれている」「面倒見がよい」と慕われている様子でした。

ではなぜ中期計画の発表の際、社員の方々が白けているか、その部分を聞いてみると社員の方々からはこのようなコメントが出てきました。

「社長はいつも「今期の目標は前年対比110%」と言います。毎年です。数値が105%や115%のときもありますが、いつも前年対比で目標を言ってきます。正直、何も考えていないのではないかと思います」。また、別の社員からは、「前年対比という言葉を聞くたびに自分たちがバカにされているような気がします。前年ベースから少しでも成長しろよ、と言われているみたいで」との声もありました。

N社の社長には決してこういった悪気はありませんでした。堅実成長を目指している社長としては、社員にもそのメッセージがわかりやすく伝わるように「前年対比」で目標を表現していたのです。しかし、社員からすると「基準値から算数で決めたような想いのこもっていない数字」と見られ、「社長は何も考えていないんじゃないか」と思われたのです。

また、「バカにされている」と感じるのもそうでしょう。これは堅実成長のメッセージが「社員の力を信頼していない」という逆メッセージになっていたのです。前年対比110%でも成長度としては素晴らしいと思いますが、社員からすると「それぐらいしかこの社員達では達成できないと社長は思っている」と捉えていました。

実際に「どうせ前年対比にするなら『１５０％アップを目指す』とか言ってほしいです」という社員もいるぐらい、社長が思っている以上に堅実ではない成長を望んでいる社員もいました。

こういったＮ社のような齟齬を生じる可能性もあるため、基本的に前年対比での目標設定はおすすめしていません。

経営数値のビジョンは、これだけ社員がリアルに感じる目標です。ここで社員とどれだけ同じ方を向くことができるかは非常に大事だと言えます。

戦略の浸透

次に戦略です。戦略は「経営数値のビジョンを達成するための手段」という観点で浸透させていきます。この戦略もワークショップ形式で経営者と社員がともに考え、体感しながら浸透させていきますが、戦略といっても様々な視点があり、また経営者と社員間、また社員の中でも戦略を考える「基準」にバラつきがあります。この思考の基準にバラつきがある状態のまま、戦略についてディスカッションをしても効果的な浸透はできません。

そういったことを極力避けるために、当社では戦略を浸透させるために必要な「思考の基準」を用意します。その基準とは、いわゆるコンサルタント業界では基本中の基本である「フレームワーク」

です。フレームワークとは、全社員が共通して用いることができる考え方、意思決定、分析、問題解決、戦略立案などの枠組みのことです。これを用いてディスカッションすることで戦略の精度と浸透を高めていきます。

フレームワークは世の中に何十種類と存在します。どのフレームワークを用いたほうが有効かは、自社の業種やビジネスモデル、組織状況など様々な要素で異なりますが、ここではどのような会社にでもおおむね有効なフレームワークを3つ紹介していきます。

フレームワーク①5C分析

5C分析とは、

①Company（自社）
②Customer（顧客）
③Competitor（競合）
④Customer's Customer（顧客の顧客）
⑤Customer's Competitor（顧客の競合）

の5つの「C」の観点で、自社の現状を把握し、自社の戦略を明確にするためのフレームワークです（ただし④⑤が、Collaborators（協力者）、Context（背景）をあげる場合もありますが、そちらのほうが効果的な業種の会社においては使い分けることもあります）。

【図表７　５Ｃ分析】

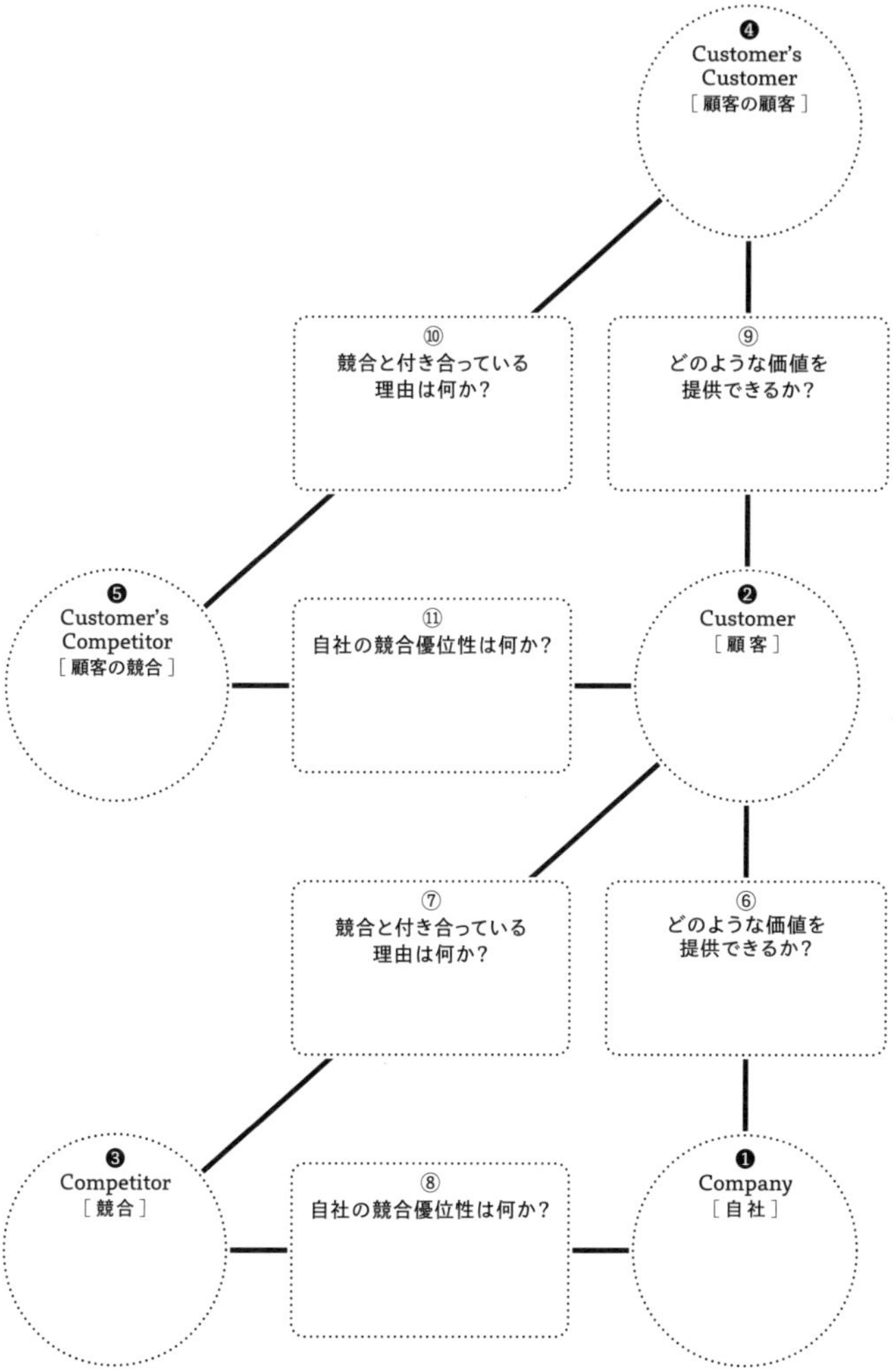
❹
Customer's
Customer
［顧客の顧客］
⑩
競合と付き合っている
理由は何か？
⑨
どのような価値を
提供できるか？
❺
Customer's
Competitor
［顧客の競合］
⑪
自社の競合優位性は何か？
❷
Customer
［顧客］
⑦
競合と付き合っている
理由は何か？
⑥
どのような価値を
提供できるか？
❸
Competitor
［競合］
⑧
自社の競合優位性は何か？
❶
Company
［自社］

それぞれ①〜⑤までを明確に洗い出すことは当たり前ですが、それよりも当社では、洗い出した結果、どのような戦略にしていくかの⑥〜⑪を分析していくところに主眼を置いています。

まずは、①Company（自社）、②Customer（顧客）の掛け合わせの分析です。自社の商品・サービスが顧客に対して「⑥どのような価値を提供できるか」を明確にしていきましょう。価値とは商品・サービスのスペックではなく、手に入れた顧客にもたらされるメリットという意味です。この価値の表現がうまく顧客に伝わらなければ、いくらよい商品・サービスだとしても販売することが難しくなります。

この価値においては、当社でこれまでサポートしてきた顧客の中で顕著に表れる部分があります。それは売れない営業担当ほど自社商品・サービスのスペック（機能）の話しばかりし、売れている営業ほどスペックの話はほとんどせず、価値の話をしているということです。

顧客が得たいものは商品・サービスそのものではなく、その商品・サービスを導入することによるメリットを買っているのです。

また、この顧客への価値というのは、先述した理念のつくり方でも質問をしている項目です。会社が事業をする上でのすべての土台となる問いだと言っていいでしょう。

この「自社の商品・サービスの価値」を全社で明確にし、特に営業部に対して強く落とし込んでいくだけでも、成果の上がる会社が多くあります。まずは自社が顧客に何を与えられる存在なのかを分析していきましょう。

次は、②Customer（顧客）③Competitor（競合）の掛け合わせで、「⑦顧客が競合と付き合っている理由は何か？」を明確にしましょう。独占的に市場を支配している業種はほぼありません。必ずどのような会社でも競合会社が存在します。その競合会社と市場というパイを食い合っている状態が続いている中で、顧客が競合会社を選んでいる理由を明確にする必要があります。

ここが明確でないと、敵を知らずして戦いに挑んでいる状態と同じです。敵の状況を把握した上でこちらの戦略を決めていく、という形が勝てる戦略に他ならないので、徹底的に競合会社の分析を行っていきましょう。

そして、これに繋がる形で①Company（自社）③Competitor（競合）の掛け合わせである「⑧自社の競合優位性は何か？」を明確にしていきます。競合の特徴がしっかりと把握できた上で自社の優位性が何かがわかります。顧客が自社を選んでくれている理由というものは必ず存在します。

競合を知らずに市場の中を戦い抜くことは非常に困難です。競合の特徴をしっかりと言語化し、明確にしていくことで競合から勝つためにはどのようにすればいいのか、自社の競合優位性を全社で共有していきましょう。

顧客のビジネスモデルを理解しているか

Ｂ２Ｃのビジネスをしている会社であれば、この３つの「Ｃ」における３Ｃまでの分析でも十分ですが、B2Bのビジネスをしている会社においては、ここから更に5Cの観点で分析していく必要があります。

それは②Customer（顧客）④Customer's Customer（顧客の顧客）の掛け合わせで、「⑨顧客が顧客の顧客にどのような価値を提供しているか」。

④Customer's Customer（顧客の顧客）⑤Customer's Competitor（顧客の競合）の掛け合わせで、「⑩顧客の顧客が顧客の競合と付き合っている理由は何か？」。

そして、②Customer（顧客）⑤Customer's Competitor（顧客の競合）の掛け合わせで、「⑪顧客が顧客の競合より勝っている優位性は何か？」の3つの分析です。

これは端的に言うと、「自社の顧客のビジネスモデルをしっかりと理解しましょう」ということです。特に現代のBtoBのビジネスにおいては、自社から顧客に対して何かを提供することはもちろん、顧客のビジネスモデルを理解した上で、顧客にお役立ちできるようなメリットを提供することが当たり前になってきており、その観点を持たずに提案をしても競争に勝ち抜くことはできません。顧客の顧客への価値提供を考えることが、結果的に顧客を「勝たせる」ことに繋がり、自社に対する信頼を高めていきます。

顧客にフォーカスして差別化をする

先ほどのC社もこの5Cを活かして、売上を伸ばしていきました。C社は住宅資材の専門商社です。C社の商品は大手メーカーの代理店という位置づけなので、大手メーカーから仕入れた住宅資材すべてです。例えば、風呂やキッチン、トイレ、または窓、建材など多岐にわたります。それらをC社の顧客である地域の工務店や地場のビルダーに卸すという商売です。C社の競合はC社と同じように大手メーカーから住宅資材を仕入れている代理店です。

この形態からわかるように、C社は競合とほぼ同じ商品を扱っています。つまり商品の特性上では差別化が非常に難しい業種です。そうするとやはり価格競争に陥ってしまい、売上もそうですが、利益率が落ちていくという流れになってしまいます。

C社はそのような中でも差別化をしようと、「細かな対応」「とにかくスピーディーな対応」という形で人と人とのコミュニケーションを重視した対応力でカバーしてきました。しかし「これまでは何とか対応力でカバーしてきましたが、すでに競合も同じような対応を見せてきているので、また価格競争が始まりそうです……」とC社の社長はお悩みでした。

当社でサポートしていく中で、5Cの観点をもって競合優位性をつくり、価格競争に陥らない戦略を考えていくことになりました。その際のポイントこそ先述した「顧客のビジネス」を理解することだったのです。

C社の顧客は工務店や地場ビルダーです。その顧客の顧客は一般消費者である場合がほとんど。C社の顧客からすると、いかにして一般消費者の方々に自社から住宅を購入してもらうかがビジネスです。そこでC社が「顧客が顧客の顧客を獲得するためにお手伝いできることはないか？」という発想でセッションをしていきました。

C社の顧客にとっては「C社のような会社からなるべく安く商材を仕入れたい」ということももちろん考えていますが、それ以上に「顧客をどのように獲得して売上を上げていくか」を考えているほうが強いのではないか、ということです。

このときは「C社の顧客で売上が思うように上げられていない会社は、どのようなお悩みを抱えているか？」という議論になりました。

そうして出てきた代表的ないくつかの答えが、

「住宅を建てたいという見込顧客を集客できていない」

「新人若手の営業力が弱い」

「社員が足りないが、不人気業界なのでなかなか人材採用ができない」

「大工が足りないから契約したくてもできない」

でした。これらのお悩みにフォーカスを当てて、C社としてどのようなサポートができるかを考えました。

その結果、

「見込顧客を集客できるイベントを企画、開催し、集客のためのチラシも撒く」

「新人若手社員の営業同行をし、営業サポートをする」

「人材採用に強い会社を紹介する」

「他顧客などの伝手を辿って大工さんのネットワークをつくり、紹介をする」など、C社で実現可能な顧客へのサポート案ができました。実際にC社はこれらのサポートを徹底的に顧客へ提供したことにより、サポートを通じて獲得した顧客の仕入はもちろんC社からとなり、また他の競合会社はC社のようなサポートをやらないため、「色々とサポートしてもらっているC社に」という形で競合からのシェアまでも大きく奪取したのです。

ここまでの競合優位性をもとにした顧客との関係性ができあがれば、他の競合会社が仕入の掛け率をどれだけ下げて価格で勝負してきても全く相手になりませんでした。C社は顧客の顧客獲得をサポートする働きをしているため「他より○％高かろうが、売上貢献してくれているC社から仕入る」ということになるわけです。

このようなC社の例のように、顧客のビジネスをどれだけ理解し、顧客へのサポートを競合と違ってどのように行っていくかで、競合優位性がつくられ、自社の売上が大きく変わる可能性も大いにあります。

フレームワーク②クロスSWOT分析

ＳＷＯＴ分析は、競合や法律、市場のトレンドなど、自社を取り巻く外部環境と、自社の組織やブランド、さらには価格や品質といった内部環境を、それぞれプラス面とマイナス面双方から分析することによって、戦略の策定やマーケティングの方向性、経営資源のアサインなどを行うための

【図表８　ＳＷＯＴ分析】

	プラス要因	マイナス要因
内部環境	Strength［強み］	Weakness［弱み］
外部環境	Opportunity［機会］	Threat［脅威］

【図表９　クロスＳＷＯＴ分析】

	Strength［強み］	Weakness［弱み］
Opportunity［機会］	【積極化戦略】 強みと機会を 最大限に活用して 何ができるか	【段階的戦略】 弱みの影響で 機会を逃さないために 何ができるか
Threat［脅威］	【差別化戦略】 強みを活かして 脅威をどのように 克服できるか	【防衛・撤退】 弱みと脅威が重なったとき どのように危機を 回避できるか

フレームワークです。

Strength（強み）Weakness（弱み）Opportunity（機会）Threat（脅威）の4つの要素の頭文字をとってSWOT分析という名がついています（図表8）。

さらにこれらをそれぞれクロスした形で、

Strength（強み）×Opportunity（機会）＝積極化戦略

Strength（強み）×Threat（脅威）＝差別化戦略

Weakness（弱み）×Opportunity（機会）＝段階的戦略

Weakness（弱み）×Threat（脅威）＝防衛・撤退

この4つの要素を分析し、戦略の整理をするフレームワークがクロスSWOT分析です（図表9）。

まずはSWOT分析の4つから説明していきましょう。

・Strength（強み）

技術力の高さや長年の経験、人脈、顧客数や立地など、自社の強みについて分析します。「顧客がなぜ自社の商品・サービスを利用してくれるのか」という観点で考えましょう。この辺りは先述した5Cの自社と顧客、自社と競合の掛け合わせの内容と同様です。

・Weakness（弱み）

コストやリソース、立地などで競合会社よりも足りていない部分や、マーケティング手法など自社の弱みや苦手なことについて分析します。この弱みを可能なかぎり、洗い出していきましょう。

こちらも5Cで分析した内容がヒントになるはずです。

・Opportunity（機会）

自社にとってビジネスチャンスとなるような環境変化や、その変化に対して競合他社がどのような動きをしているのかなどについて分析します。どんな些細なことでもチャンスとなりうる要因を1つでも多く洗い出していきましょう。

・Threat（脅威）

自社の強みを打ち消してしまう危険性のある環境の変化や、競合会社の動きなどを分析します。「外部要因」という自社ではコントロールできない部分のほうが多いですが、脅威を知ることで新たなビジネスチャンスを生み出す可能性もあります。機会と同様に些細なことでも脅威となりうることはすべて洗い出しましょう。

機会と脅威を洗い出すために

ＳＷＯＴ分析において、外的要因である機会と脅威を漏れなく洗い出せるようなヒントになる「ＰＥＳＴ分析」というフレームワークがあります（図表10）。

ＰＥＳＴ分析とはPolitics（政治）Economy（経済）Society（社会）Technology（技術）という4つの視点から分析し、自社を取り巻くマクロ環境・外部環境が、現在そして将来にどのような影響を与えるかを把握・予測するためのフレームワークです。

【図表10　ＰＥＳＴ分析】

Politics ［政治］	市場のルールを変化させるもの 法改正、税制、政権交代、外交 など
Economy ［経済］	価値連鎖に影響を与えるもの ＧＤＰ、物価、為替、株価 など
Society ［社会］	需要構造に影響を与えるもの 高齢化、少子化、流行 など
Technology ［技術］	競争レベルに影響を与えるもの ＩＴ、インフラ、特許、新技術 など

このＰＥＳＴ分析を使用して外部環境分析を細分化すると、マクロ環境分析とミクロ環境分析に分けられ、マクロ環境を把握するためのＰＥＳＴ分析を行うことで、環境の変化や事業活動に影響を与える要因を探ることができます。
ぜひこのＰＥＳＴ分析の観点をヒントに機会と脅威を洗い出していき、市場の流れに順応できるような準備をしていきましょう。
ここまでＳＷＯＴ分析したところで、目的であるクロス分析をしていきましょう。

Strength（強み）　×　Opportunity（機会）　＝　積極化戦略

ここでは強みと機会を最大限に活用して、何ができるかを考えていきましょう。自社の強みがさらに活きる機会があれば、それを見逃さないように戦略を考えていきます。強みや長所を強化するように、積極的な方針を考えていく戦略です。

Strength（強み）　×　Threat（脅威）　＝　差別化戦略

ここでは強みを活かして、脅威をどのように克服できるかを考えていきましょう。外部環境の中には、自社の強みを打ち消したり弱めたりする脅威という要因が存在します。この脅威を防ぎ、強みを維持し、またより強みを強化していくことが必要になる戦略といえます。

Weakness（弱み）×Opportunity（機会）＝段階的戦略

ここでは弱みの影響で機会を逃さないために、何ができるかを考えていきましょう。外部環境に機会があっても、自社の弱みが原因となりその機会を逃してしまう可能性があります。機会を逃さないように、弱みによる影響を可能な限り減らしていく戦略です。

Weakness（弱み）×Threat（脅威）＝防衛・撤退

ここでは弱みと脅威が重なったとき、どのように危機を回避できるかを考えていきましょう。自社の弱みが脅威にさらされるという状況は、企業にとってはマイナスでしかありません。そのマイナスを防ぐための施策を考え、また状況によっては事業の縮小、最悪は撤退を選ばざるを得ない守りの戦略と言えるでしょう。

新しく売上を上げるための戦略

このクロスＳＷＯＴ分析では、シンプルに「新しく売上を上げるための戦略」を考えていきます。

先述した5C分析が「既存商品・既存顧客」に対して、「どのように競合と差別化しながらシェアを獲得していくか」の思考中心のフレームワークだとすれば、このクロスSWOT分析は「新商品・新顧客」にフォーカスし、「新しい売上をどのようにつくっていくか」を中心に思考するフレームワークです。

このクロスSWOTから新規事業を成功させた事例で有名なのが富士フィルムです。ご存知のとおり、富士フィルムは写真事業がメインの会社ですが、このクロスSWOTから化粧品事業への進出を決定し成功させました。

今では化粧品で当たり前に出てくる名前「コラーゲン」。このコラーゲンは写真フィルムの主成分としても扱われていました。写真フィルムの最大手と言っていい富士フィルムは、このコラーゲンを長年研究し続けているためノウハウと成果が「強み」としてありました。

そこにやってくると思われた「機会」が中国を中心とした東アジアの経済発展です。経済発展すると、生活必需品から嗜好品への需要へシフトしていくため、ビューティー市場は確実に大きくなると予想しました。プラス日本の高齢化。年齢に伴うスキンケア市場の拡大もまさに「機会」の1つでした。

この組み合わせで積極化戦略の化粧品事業（富士フィルムではライフサイエンス事業）が立ち上がって見事に成功したのです。

「強み」だけ、または「機会」だけでは新しいものはなかなか生まれません。クロスで考え抜くことで精度の高い「新しい飯のタネ」が見つかります。

中小企業こそ機会を逃してはいけない

今の事例は大手企業でしたが、中小企業は大手企業よりも新しいことへ舵を切る意思決定スピードが早いので、私としてはむしろ中小企業こそ機会を逃さずに新マーケットを狙うことに有利なのではないかと思います。

詳細は言えませんが、先述した神奈川の物流会社Ｎ社も、近年話題になっているネット通販の増加による宅配会社の配送料の値上げという「機会」を逃さずに、自社の強みとの掛け合わせを活かした形で新顧客を獲得し、大きな売上アップへと繋げました。

「ＳＷＯＴ分析はすでにやっている」という中小企業もかなり増えてきましたが、分析をした結果、具体的な戦略を生み出している中小企業はあまり見かけません。

もしそういった会社であれば、もう一度クロスＳＷＯＴ分析を行い、自社を取り巻く環境の中から精度の高い戦略や方向性を導き、社員と共有していくことをおすすめします。

フレームワーク③バリューチェーン分析

ご紹介する３つ目のフレームワークはバリューチェーン分析です。バリューチェーンは「事業を主活動と支援活動に分類し、どの工程で付加価値（バリュー）を出しているか」を分析するためのフレームワークです。

事業の「主活動」とは、製造や営業など「製品・サービスが顧客に到達するまでの流れ及び直接関係する活動」のことで、事業の支援活動とは、技術開発や人事などの「主活動を支える活動」のことです。

このバリューチェーン分析により、1つの事業を様々な活動に細分化し、そこから事業における競合優位となる価値を把握することで、事業戦略を考える際に役立ちます。

当社では、バリューチェーンは次のような流れで分析を進めていきます。

分析の進め方　①自社のバリューチェーンの把握

まずは自社のバリューチェーンを整理していきましょう。参考例として図表11を掲載していますが、基本的には業界によってバリューチェーンは異なってきます。

自社の事業活動を整理するような意味合いでバリューチェーンを把握していきましょう。

分析の進め方　②それぞれの活動における強みと課題を抽出

自社のバリューチェーンが整理できたら、次はそれぞれの活動における強みと課題点を抽出していきましょう。

例えば、販売における課題点に「営業力が不足している」「販売における仕組みがない」や、人事における強みに「毎年新卒採用で優れた人材が採用できている」など、各活動における強みや課題点を洗い出していきましょう。

【図表11　バリューチェーン分析】

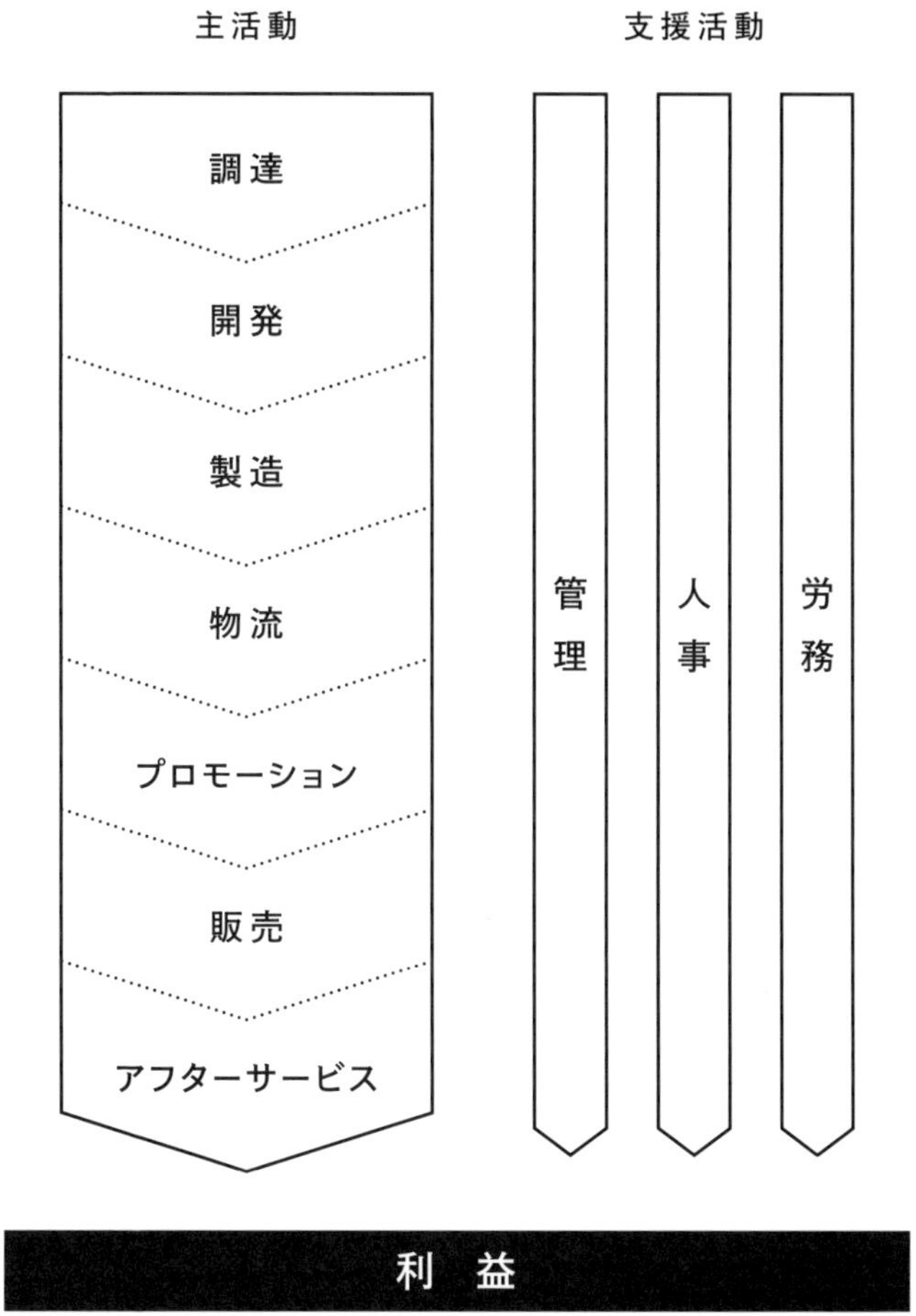

分析の進め方　③強みと課題を具体化

各活動における強みと課題を明確にした後は、それぞれを具体化していきましょう。強みにおいては、「その強みを日々の事業活動の中でどのようにアウトプットして利益に繋げるか」。そして課題点においては、「その課題をどのように改善していくか」という観点で具体化していきます。

内部体制の戦略

バリューチェーンとは「価値連鎖」です。それぞれの活動が強化されていくことで、価値が連鎖されていき、市場に対して優位性をもつことができます。

例えば、バリューチェーンの流れの中で、「販売」においては物凄く優位性があったとしても、販売後の「サービス提供」のレベルが低ければ、その企業の「価値」は下がります。それは顧客満足度やリピート率の低さにも直結するでしょう。

バリューチェーンのスタートからゴールまでの中でどの部分にボトルネックがあるかを明確にし、そのボトルネックを克服してレベルを上げていくことで価値が「連鎖」し、顧客に対する企業の提供価値が上がっていきます。

また、当社がサポートする顧客でよく起こることは、部門間を通じてバリューチェーン分析のワークセッションを行っていくと、主活動の部門と支援活動の部門の間でよい意味での熱い議論がなされていきます。

一般的に営業部とサービス部は仲が悪い会社が非常に多いですが、こういったワークセッションで社員同士がシェアしていくことで、それぞれの立場で自部門と他部門を俯瞰してみることができるため、感情論ではなく論理的に「会社として事業をスムーズにし、利益をより多く生むために」という視点で生産性の高い議論をすることができ、自然と戦略を浸透することができます。

以上のようなフレームワークを活用することで、「考える物差し」ができ、社長と社員の思考レベルの差を埋めることができます。

すべてのフレームワークでお伝えしているように、分析をするだけでは全く役に立ちません。目的は社長も社員も「これならいけそうだ」と思えるような戦略を明確にし、そして全社で浸透することです。

また、戦略を考える過程の中で、社員の思考レベルが上がるため、フレームワークを活用して考えること自体が社員成長にも繋がります。その成長はおのずと行動にも表れ、そして成果となって返ってくるでしょう。

組織体制の浸透

ビジョン浸透の最後は組織体制を明確にしていくことです。経営数値で将来の会社規模を明確にし、それを目指すための戦略が浸透されたら、最後にその戦略を実行する組織体制を考える必要があります。

組織体制を考察する観点は2つで、1つは「数値目標を達成するときに、どのような部門構成になっているか」。もう1つは「各部門における人数構成はどうあるべきか」です。

1つ目の「ビジョン達成時にどのような部門構成になっているか」について説明します。

例えば、現在年商10億円の会社が5年後に年商30億円を目指す場合、同一事業のみで目指す方針であれば、改めて部門を考察する必要はないかもしれません。しかし、新規事業を立ち上げて売上を伸ばす戦略をとる場合は、新たな部門設置が必要となります。

また、年商10億円の会社が年商30億円の会社になるということは、社員数も3倍程度になることが予想されるため、「新たに3年後のタイミングで人事部を設置する必要がある」という考えも当然出てくるでしょう。こういった観点でまずはビジョン達成に向けた部門のあり方を考えていきます。

そして同時に2つ目の「各部門における人数構成はどうあるべきか」も考えていかなければいけません。ビジョン達成のためにそれぞれの部門で何名必要なのか、その中でどのような指揮命令系統にしていくかを「見える化」していきましょう。人数構成においては統制範囲の原則（スパン・オブ・コントロール）から、1人の管理者に対して5人の部下、多くても7人の部下をつけるなど、管理効率の観点も含めて考えましょう。

【図表 12　将来の組織図を描く】

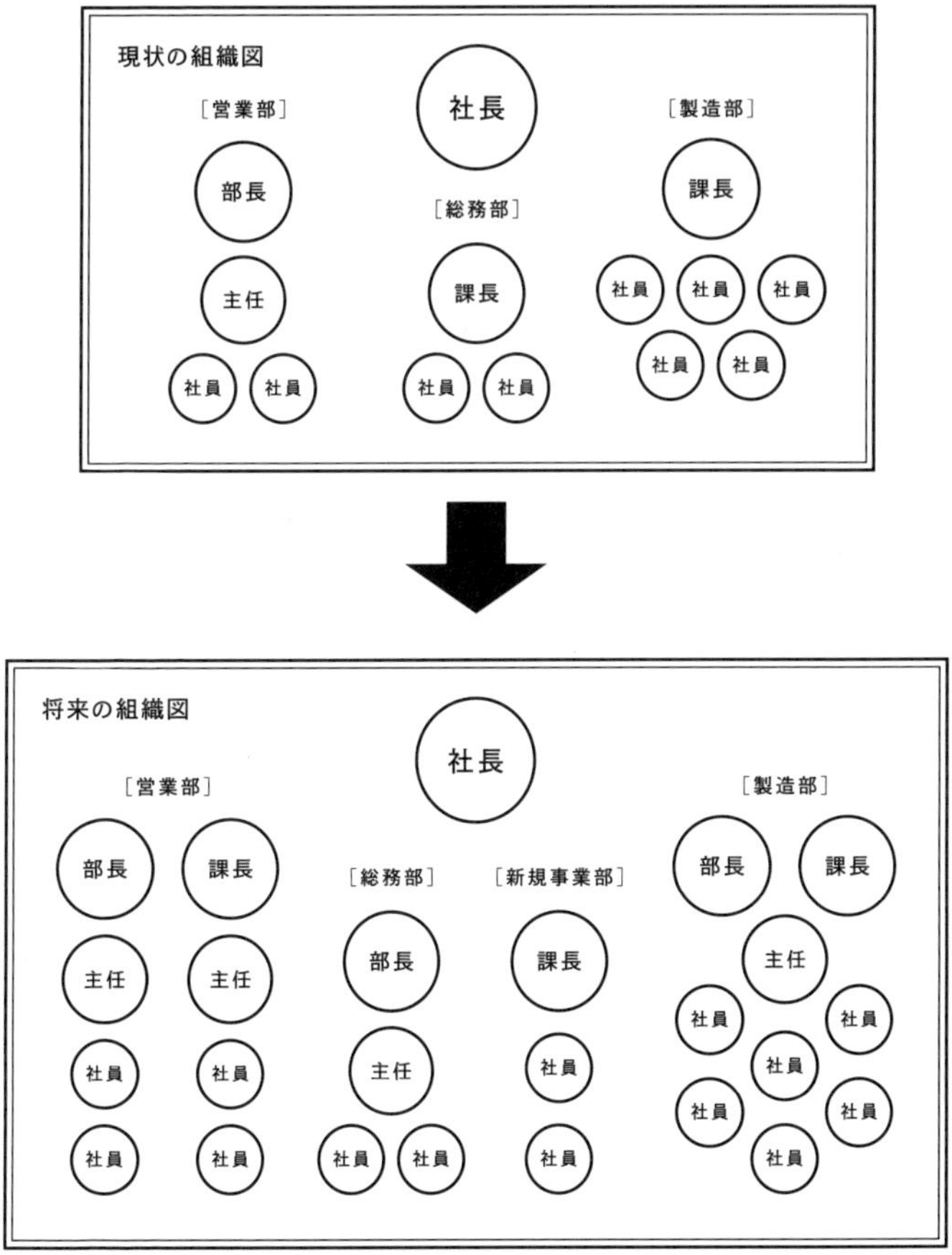

「会社の方向性」「社員の将来的なポスト・キャリアパス」
「将来の組織と社員に求める期待役割」が明確になる。

社員のキャリアパス

将来の組織体制を考えていくことで、経営数値目標と戦略の遂行がよりリアルにイメージされ、かつ社員においては「キャリアパス」が明確になります。現在の組織から将来の組織イメージが具現化されれば「○年後、自分はこの位置にいたい！」という目的がハッキリします。

当社でお手伝いする顧客に社員インタビューをする際、かなり大きな割合を占める社員の意見に「会社がどこを目指しているかわからない」「自分が将来どうなれるのかが不透明で不安」というものがあります。

こういった意見の出てくる会社の多くは、それまで数値計画は毎年発表してきているのですが、具体的な戦略と「社員の姿」を明確にしていませんでした。

ビジョンを達成するための戦略を遂行するのは社員です。その社員が高いモチベーションで戦略を遂行するために、ビジョン達成時の組織体制の浸透は欠かせません。

組織体制に経営目線を

組織体制を経営者、社員が共有していく中で、もう1つポイントがあります。それは「利益を鑑みて組織体制の考察をしてもらう」ということです。なぜかというと、社員が自身それぞれの視点と知識のみで将来の組織体制を考えると、多くの場合「人材過多」の組織体制を描きます。社員からすると自身の業務量、業務負担の視点がメインになる場合が多く、「1人でも多くの社員が欲しい」となりがちです。

当然それでは利益が必要以上に少なくなってしまう可能性が高いため、「労働分配率の観点や、人件費の内訳がどのような構造になっているか」という社員が知識として持っていない部分を補った上で「利益」を意識した組織体制を考えてもらいます。

数値目標で売上だけではなく、営業利益まで共有している場合は、その目標の営業利益がしっかりと確保できるような「総額人件費」で考えるようにファシリテーションしていきます。そうすることで「非現実的」な組織体制の考察を防ぐことができ、また社員にも人件費の知識と視点が生まれます。

当社の顧客でもそこまで実施する顧客と実施しない顧客がありますが、このようなビジョンを浸透させていくプロセスの中にも「社員の思考レベル」を上げるという要素を含むと、全社員のレベルが上がり、組織がさらに強くなります。

理念・ビジョンは５Ｗ２Ｈで捉える

以上のような形で理念・ビジョンを明確にし、浸透させていくことで年商30億円超えを目指す土台ができあがることになります。

そして、この理念・ビジョンは「５Ｗ２Ｈで捉えましょう」（図表13）ということを、多くの経営者にお伝えしています。

【図表13　理念は５Ｗ２Ｈで捉える】

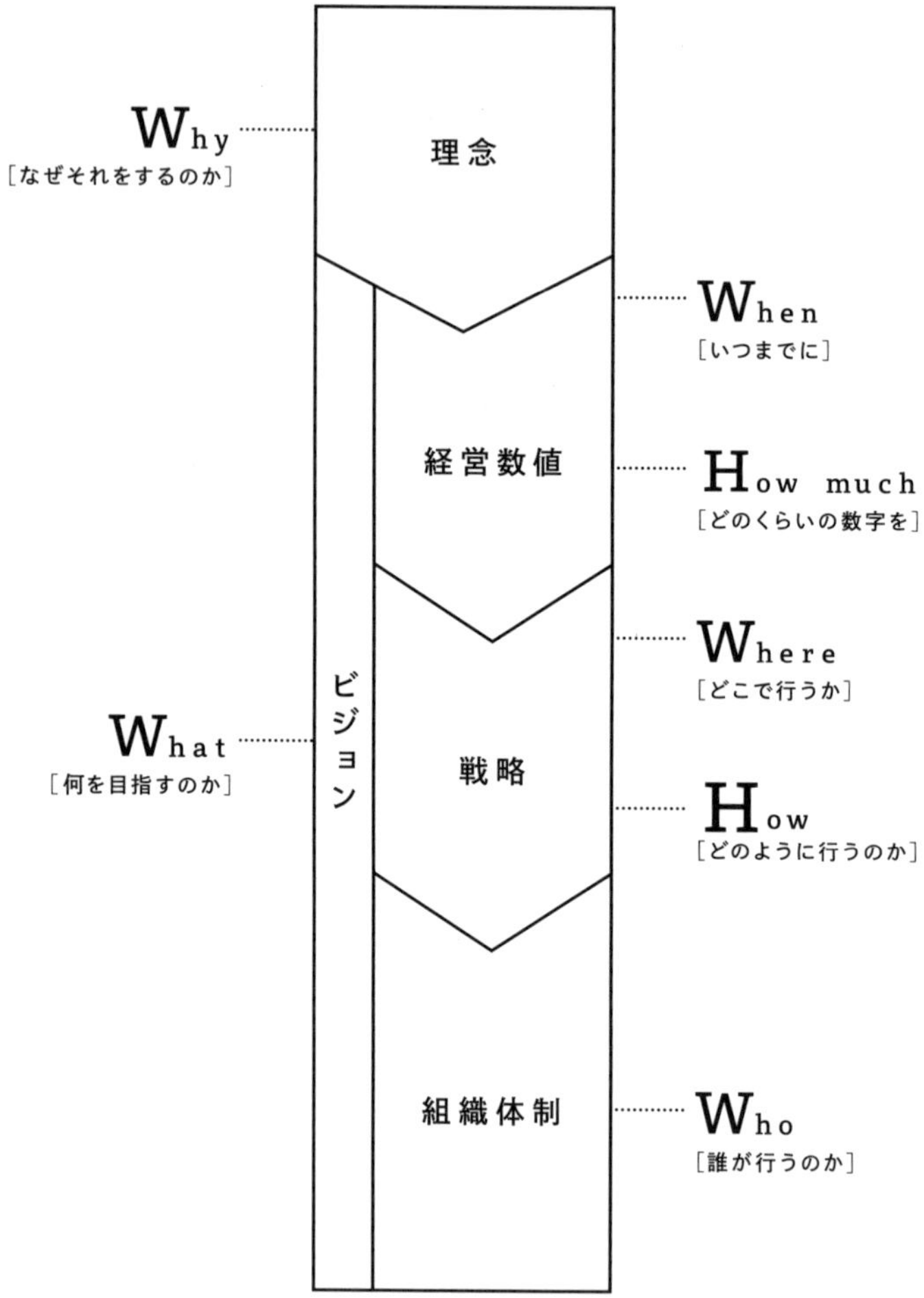

理念は「なぜ存在するのか」のＷｈｙ
ビジョン全体は「何を目指すのか」のＷｈａｔ
ビジョンを細分化した
経営数値は「いつまでに」Ｗｈｅｎ　「どれぐらいの数字を」Ｈｏｗ　ｍｕｃｈ
戦略は「どこで」Ｗｈｅｒｅ　「どのように」Ｈｏｗ
組織体制は「誰が」Ｗｈｏ
という形です。５Ｗ２Ｈは物事を正確に伝える際の確認事項として項目で、仕事上の報告連絡相談や、メモをする際によく使われるものです。浸透をさせるためには、物事を正確に伝える、まとめる必要があるので、このように５Ｗ２Ｈのフレームを使って捉えることをおすすめしています。

理念・ビジョンの浸透が与えるインパクト

以上のように年商30億円超えの鉄則1では理念・ビジョンの浸透について触れていきました。

２００９年1月に東京商工会議所が、２００８年秋のリーマンショックの際、業績が好調なままの企業と業績が不振に陥った企業の違いの統計データを出しており、それによると理念の浸透について、「全社員が把握している」と回答した企業は業績好調群が59％に対し、業績不振群は38％でした。また業績不振群は18％の企業が「理念は特にない」と回答しています（業績好調群は８％）。まさに理念が浸透している会社がいかに地力のある会社であるかを表していると言えるでしょう。

【図表14　年商30億円の限界突破　鉄則1まとめ】

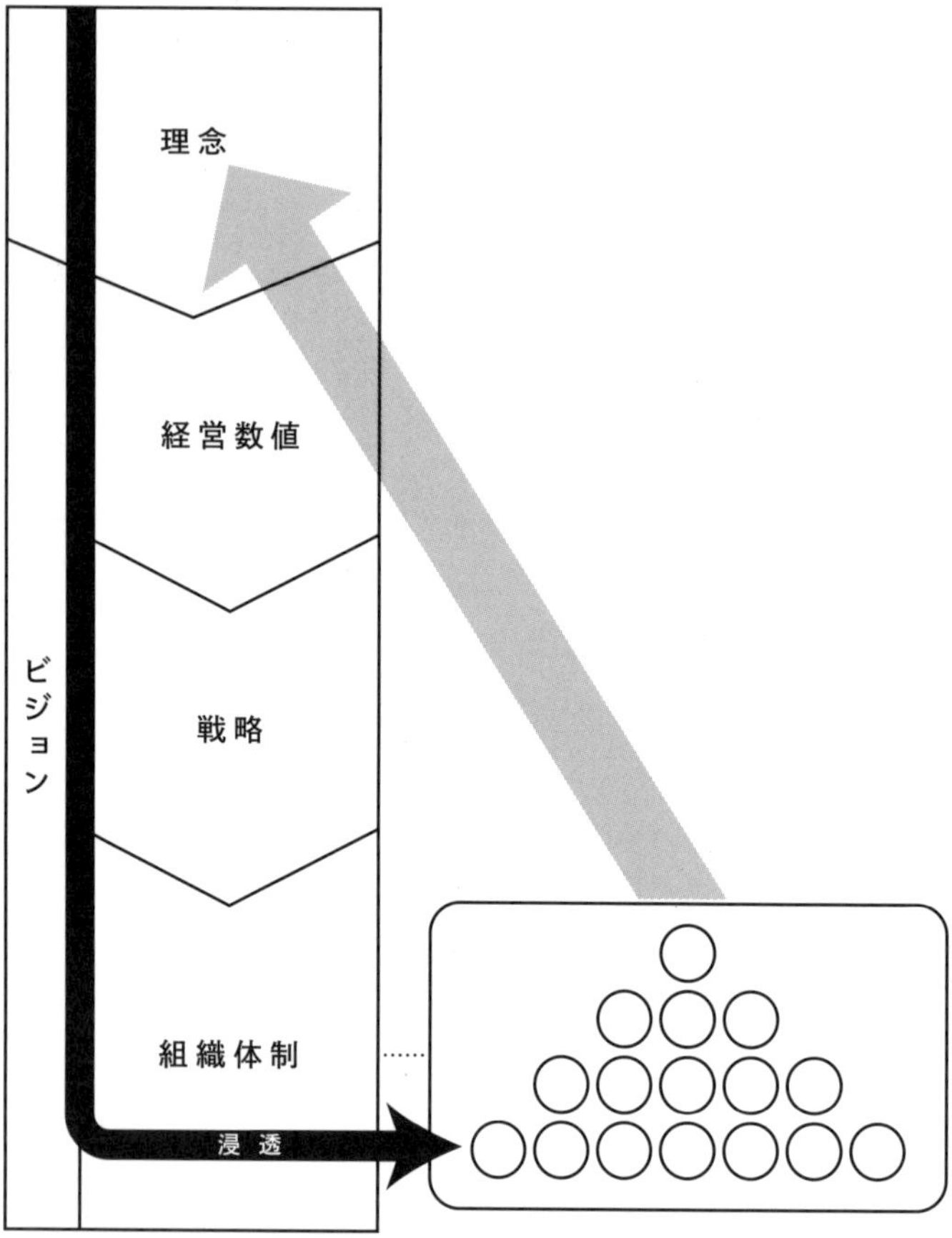

理念・ビジョンを浸透させることで、
全社員のレベルを上げ、同じベクトルへ向かう土台をつくる。

年商30億円超えの企業事例【1】

鮮度ある野菜をタイムリーに価値ある価格で届けてお客様との信頼関係を築く

石橋青果株式会社
代表取締役　鈴木貴裕

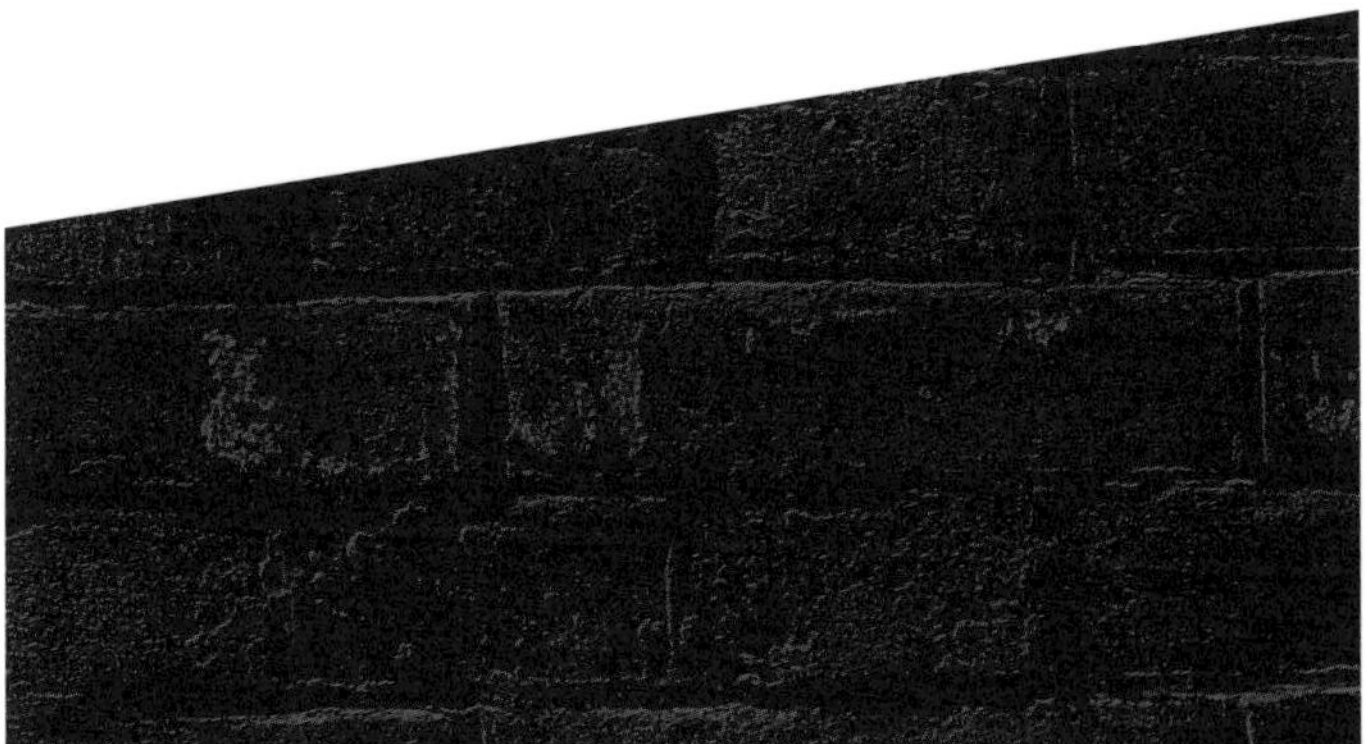

「年商11億円を3年で年商15億円に」を目標

私は1996年に先代から引き継いで石橋青果の社長に就任しました。社長に就任した当時の会社の年商は約11億円。「3年で年商を15億円にする！」と目標を掲げ、自分たちが儲かればいいという思いで商売をしていました。私自身も社員に「儲けろ！」としか言わなかった記憶があります。

結果的には1998年に年商15億円に到達し、利益も上がりましたが、自分としてはなぜか非常に苦しかったのです。

苦しいながらも毎年利益は出ていたので「まあ、これでいいかな」と満足していたときに、同じ業界の社長仲間から「そこで満足しているのはショボい」とハッキリ言われ、社長である自分自身がもう少し大きく目標を持っていかないとダメだなと思い、そこから会社をもっと伸ばしていこうと決めました。

「何かを変えなければいけない」と様々な方面で勉強をする中で、理念というものを掲げたら会社が変わることをよく耳にするようになりました。

理念が大事なのだと思い、とりあえず掲げるだけ掲げてみよう、と現在の経営理念でもある「幸福（しあわせ）を届けます」という、どこからかパクッてきたような理念を2000年に掲げました（笑）。

しかし、これまでの自分たちのためだけではなく、誰かのために仕事をしなければいけないことが漠然とわかるだけで、具体的に掲げただけでは自分も社員も何も変わらなかったのです。

そのような中で２００３年頃、当時は私自身も現場に出て社員と働いていたときに、販売を担当していた社員から「社長、言っていることとやっていることが違います」、「冷蔵庫に入れて出してきたような野菜を届けることはお客様に幸せを届けることじゃない」とハッキリ言われたのです。

「バイヤーの先のお客様がお客様」と共通認識

そのとき当社では「産地買い」と言って、例えば青森のネギであれば特定の地域の物を全部買うような大量仕入をしていました。その分仕入コストは安く済むのですが、全部が全部一度で売れるわけではありませんので、在庫は当然冷蔵庫で保管をしなければいけません。社員はそういった売れ残りで鮮度の悪い野菜をお客様に販売している今の状況に対して言ってきたわけです。

常に新鮮な野菜を届けるためには、産地買いを辞めなければいけません。しかし、産地買いを辞めてしまうと、「足りなくなったときにはどうするのか」という問題が出てくるため、理念と利益の間で社員と押し問答が２年続きました。

その期間に行った社内研修で、「当社のお客様はバイヤーではなく、その先のお客様がお客様なのだ」という視点が私と社員全員の共通認識となり、「どっちを向いて商売するか」が明確になりました。

その結論に達したときに「鮮度ある野菜をタイムリーに」という現在の営業基本方針ができあがったのです。しかしその基本方針だけで社員が仕事をした結果、儲かりませんでした（笑）。

【石橋青果株式会社　代表取締役　鈴木貴裕様】

価値ある価格の提供

「鮮度ある野菜をタイムリーに」を実施しながらでも利益を出すためには「適正な価格」でなければいけません。ただ「適正な価格」の場合、当社は幸せになりますが、お客様は幸せになりません。だとすれば「価値ある価格」ではないかと。「価値ある価格」であれば、当社もお客様も両方幸せになる、という考え方で全社一致しました。結果的に現在の「鮮度ある野菜をタイムリーに価値ある価格でお届けします」という基本営業方針が浸透しました。

会社の理念が浸透すると、これこそが理念の持つ力だと思うのですが、みんなが同じ方向を向くようになりました。「価値ある価格」であるため、安売りはしません。お客様の言うことはすべて聞く。聞くけどその分かかるコストはしっかりとお客様からもらう。そして無理な売上を追わない。自分達の取るべき行動が明確になり、それが称賛・評価されるため、どんどん成果が表れてきました。

顕著に表れたのは、いちいち自分が決裁しなくても、皆が得意先を見つけて販売してくれるようになったことです。トップ営業でしか口座を開けないような超大手企業からも契約を取ってくるようになりました。

鮮度にこだわる

また、お客様との信頼関係も大きく変わりました。理念を掲げる前は、恐らく当社のお客様であるスーパーでは、販売した当社の野菜で「鮮度が悪い」「野菜がすぐに悪くなる」というような消費者からのクレームがあったのではないかと思います。それが鮮度にこだわったことで、当たり前なのですが「鮮度がよい」「野菜を最後までおいしく食べきれる」ということで、エンドユーザーからのクレームもなくなり、「石橋青果から仕入れれば大丈夫」と思っていただいたことで、お客様との信頼関係が強固になったと思います。

結果的に売上も右肩上がり、利益も大きく出るようになりました。２０１６年には年商30億円を超えることができたのです。

Ｂ／Ｓ・Ｐ／Ｌを社員に開示

また、私と社員の信頼関係も強固になったのではないかと思います。２０１７年は野菜の高騰が激しく、売上から仕入を引いただけで赤字、という状況でした（笑）。

営業利益がマイナスになったので「期末賞与をなくすか」という話を役員としていましたが、「１

年ぐらい赤字でも銀行は何も言ってこないだろうから、それなら働いている社員を大事にしよう」と期末賞与を出しました。そうするとその後に期末賞与で支払った額以上に社員たちが利益を出してくれたのです。本当に社員の力は凄いなあ、と思いました。

私は会社は社員のものだと思っているので、損益計算書やバランスシートなどはすべて社員に開示しています。経営計画も各部門長がつくってきた計画を吸い上げて作成し、今年からはチャレンジとして経費も含めてつくってもらおうと思っています。運賃がどの程度かかるのか、バイトも好きに雇っていいけど利益はしっかり出すようにする、など数字を経営者のようにトータルで考えるようになってほしい思いです。いずれは分社化して社長が2、3人いるような会社にしていきたいです。

ここ10年で売上がおよそ3倍になったので「2030年までに100億円やるぞ!」と社員に発表しました。まずは2023年までには運送事業を本格的に開始していきたいです。社員とこれから10年でどのように売上を3倍にするかを話したときに、「2025年には運送事業で2億という売上をつくる」他にも「小売りをやる」「カット野菜をやる」など、皆が意見を出し合いながら進めています。

100年勝ち残る企業を目指す

今年で当社は創業55年となり、最終的には「100年勝ち残る企業」になることを目指しています。そのときの状態は「売上300億円」「従業員200人」「創業100年」。これを最大ビジョンとして掲げていき、これからも事業に取り組んでいきたいと思っています。

【図表 15　石橋青果の売上推移】

期	年度	売上（千円）
26	1996	1,136,623
27	1997	1,315,785
28	1998	1,499,866
29	1999	1,132,887
30	2000	1,151,414
31	2001	1,110,872
32	2002	1,232,728
33	2003	1,207,717
34	2004	1,227,717
35	2005	1,298,050
36	2006	1,512,849
37	2007	1,857,393
38	2008	2,005,730
39	2009	2,125,695
40	2010	2,298,284
41	2011	2,086,181
42	2012	2,160,790
43	2013	2,374,536
44	2014	2,416,024
45	2015	2,832,022
46	2016	3,269,384
47	2017	3,372,339
48	2018	3,405,382

【図表16　石橋青果の年商30億円突破のポイント】

理念を掲げ、
その理念を体現する基本営業方針を
社員と共につくり上げて浸透したことにより、
社員が同じ方向を向き、やるべき行動が明確になった。

×

それにより、社長が細かい部分まで決裁せずとも、
社員が主体性をもって正しい行動をし、
成果を出す組織となった。
（エースで4番社長から監督社長へ）

×

目の前の顧客だけではなく、
5Cでいうところの「顧客の顧客」に目を向けて
自社の価値をつくり上げたことで、
結果的に今まで以上に顧客からの信頼を得られるようになった。

第3章
鉄則2
理念・ビジョンに向かって社員が動くシステムをつくる

1　年商30億円を超えるためには、社員に動いてもらう

年商30億円を超えるための2つ目の鉄則は、理念・ビジョンに向かって社員がしっかりと動くようなシステムをつくることです。

理念・ビジョンの浸透のみでも社員が動くことはもちろんありますが、それだけでは不十分の組織も当然存在します。せっかく共通の目標ができあがっても、実際にその目標を達成しようとする行動がなければ何も生まれません。

いかにして社員に動いてもらうかのシステムが、年商30億円を超えるための組織づくりには必要なのです。

ビジョンリンク

会社としての理念・ビジョンを明確にし、その達成のために社員に動いてもらうためには、会社としてのビジョンと社員個人毎のビジョンをリンクさせることが重要です。

私はこれを「ビジョンリンク」と言っています。

社員は「会社として目指したい方向性には共感できた。では自分はその達成に向けた頑張ったときに、何が得られるのだろう」と潜在的意識を持っています。

「会社が成長するなら、自分のことは二の次でいくらでも頑張ります！」という社員はどれだけいるでしょうか。残念ながらほぼいません。

社員も人なので、仕事をする上で何かしらの個人的な目標は持っているはずです。

会社の成長とともに、自分自身が目指すものも同時に達成できるかどうか、それが明確になればなるほど、社員は能動的に達成へ向けた行動をします。つまり、会社のビジョンと社員個人のビジョンを結びつけるビジョンリンクが必要になってくるのです。

内発的動機づけと外発的動機づけ

人がやる気を持って行動するには、何かしらの「動機」が必要とされます。会社がその動機をつけてあげることが、社員に動いてもらうためのポイントになる考え方です。

「動機」には心理学で2つの種類があるとされています。それは「内発的動機」と「外発的動機」です。

内発的動機は、行動の要因がその人の内面から沸き起こる興味や関心、意欲によるもので、外発的動機は、行動の要因がその人に対する評価や賞罰、強制などの人為的な刺激によるものです。内発的動機でわかりやすいのは趣味でしょう。

人は興味があり、好きなことは夢中になって時間を投資して前向きに行動します。「それをやりたい！」と心から思えるようなものであれば、放っておいても人はやる気を出して行動します。それに対して外発的動機は「稼げる！」「怒られる！」など外からの刺激です。

会社の理念やビジョンに共感し、また「会社の成長が自分自身の成長にも繋がる」というイメージを自然に持てている「ビジョンリンク」ができている社員であれば、内発的動機が高まり、能動的にビジョン達成に向けた行動をしてくれますが、すべての社員がそうなってくれるわけではありません。

全社員に「ビジョンリンク」をさせていくためには、内発的動機づけをしていきながらも、会社として「外発的動機づけ」をうまく行っていくことが必要なタイミングがあります。

会社としての外発的動機づけでわかりやすく効果的なのは「評価」や「報酬」です。すべての人間が評価や報酬のために仕事をしているわけではありませんが、とはいえボランティアをやっているわけでもないので、仕事に対する意欲やスキルを上げていくためにも評価や報酬は「刺激」として最もわかりやすく効果的です。

ただ、評価や報酬をはじめとする「外発的動機づけ」は、いわばカンフル剤なので、短期的には有効ですが長続きはしない特徴があります。「給与が上がった」「賞与が多かった」というものはそのときの一瞬は物凄く嬉しく、モチベーションが上がりますが、残念ながら時間が経つとすぐに慣れてしまいます。

よって、外発的動機づけは社員の「行動のスタートを加速させるもの」として活用し、そこから徐々に内発的動機づけを醸成させ、行動の好循環を生んでいく流れをつくり上げていきましょう。

【図表17　社員が動く好循環をつくり出す流れ】

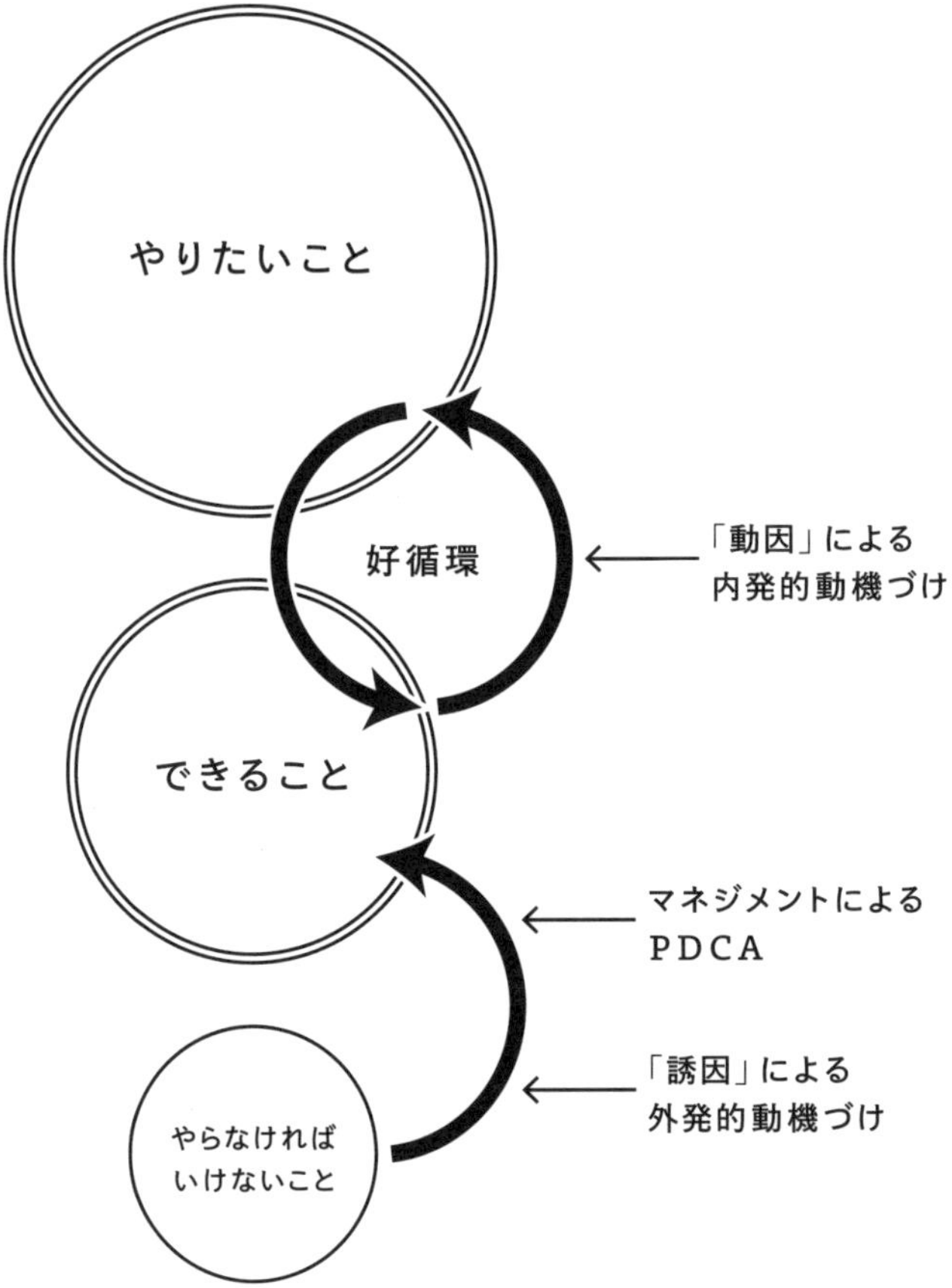

好循環とは図表17にもあるように、社員が仕事に対して「やりたいこと」「できること」「やらなければいけないこと」の3つの種類がある場合、最も能動的に動いてくれる仕事は「やりたいこと」です。会社としてビジョン達成に求める社員への仕事が、社員にとっても「やりたいこと」であれば内発的動機だけでスムーズに進みます。

しかし、そのような社員ばかりではないので、外発的動機づけが必要です。特に仕事の中で「やらなければいけないこと」は社員にとってそれほどモチベーションが高くない場合が多いですが、やらなければいけないことからスタートしないと成果が出ない仕事は数多くあります。であれば能動的にやってもらわないといけないので、まずは「やらなければいけないこと」で成果を出せば評価や報酬にインパクトを与える、という外発的動機づけをします。

実際に成果が出た場合、しっかりと評価され、報酬に結びつくため、社員は「やればよいことがある」と感じ、更にやる気が出てきます。そのやる気を高めるとともにマネジメントによるPDCAを回すと、次々と成果を出していきます。そのサイクルが続くと、社員自身に「できること」が増えていきます。できることが多くなった社員は取り組む仕事のレベルも上がるため、「やりたいこと」の仕事が出てきたり、増えてきたりします。やりたい仕事は放っておいても能動的に行動するため、徐々に内発的動機が高まっていく、という好循環ができあがります。

このように外発的動機づけをカンフル剤として上手に使うことで、社員が能動的に動くという好循環の構造をつくっていきます。

ちなみに外発的動機づけは評価や報酬といった実利的なものだけではなく、「この成果を出したら新規事業を任せる」「これを達成したら○○部へ異動できる」など、社員自身の「やりたい仕事」で誘因することも可能です。

人事評価制度こそが社員が動くシステム

この外発的動機づけによる「社員が動く好循環」の構造をつくる上で有効なのが人事評価制度です。評価や報酬というものは、ビジネスをしていく上で切っても切り離せないものであり、社員から見てもわかりやすいモチベーションの指標と言えるでしょう。

勘違いしないでいただきたいのは、「給料を上げる」「賞与を多く出す」という人事評価制度にするわけではありません。

会社がビジョンを達成するために、社員それぞれに実行してもらいたいことを明確にし、その実行と成果が出た人材に正当な評価と報酬を出す、そのような人事評価制度をつくることです。

外発的動機づけをスタートにし、会社のビジョンを達成するための「正しく、能動的な行動」ができる組織づくりを人事評価制度というツールを使って実現することができます。

中小企業の人事評価制度の実情

私はこれまで70社のサポートをしてきましたが、年商30億円を超えられずに伸び悩んでいる会社の人事評価制度の実情は、ほぼこの4つのパターンに集約されていると言っていいでしょう。

パターン①そもそもしっかりとした人事評価制度が社内に存在しない

「そもそも人事評価制度自体が社内に存在しない」という会社は、年商30億円未満の会社にはよくあります。こういった会社の特徴としてありがちなのは、社長が全社員の評価と給与を独断で決めている形を取っていることです。会社規模が小さければ小さいほど、人事評価制度が社内に存在しない会社は多いですが、それはエースで4番の社長が「全社員を見れている」状態だから可能です。こういった会社の場合、社長の独断の評価もすべて「当たっている」ので、社員からすると納得性が高い場合も多いです。

しかし、デメリットとしては社長の独断の評価となるため、全社員が「社長を見て仕事をする」風土になりがちです。エースで4番のまま、社長が全社員をマネジメントできる規模であれば問題ありませんが、監督社長になり年商30億円超えの組織をつくるにあたっては、ミドルマネジメントを機能させなければいけません。自分の評価を決めることができないマネジャーの言うことを聞く部下はほとんどいません。そうすると、ミドルマネジメントが機能しなくなり、社長が全社員を見れる範囲を超えた会社規模になった途端に売上が停滞する会社が多いです。

また、社内に人事評価制度がない場合、「何がよくて何が悪かったか」「何を頑張れば評価されるか」の評価フィードバックが抽象的になりがちです。人事評価制度が存在しない会社の社員にインタビューをすると、「具体的な評価のフィードバックがない。しっかり見てくれているのか不安」「何をすれば評価されるかわからない」「その時々によって評価される項目が変わっているみたいで、振り回される」「将来の自分のキャリアが見えず、不安」という意見が多く出てきます。

自分が「何で評価され」「どのようになれるのか」といった、評価とキャリアパスの明示化は必須と言えます。

パターン②テンプレートの人事評価制度はあるが、運用は形骸化してしまっている

こういったパターンも非常に多い例と言えます。過去に専門家などにもらったテンプレートで運用が形骸化している原因は様々ありますが、代表的なのは「つくってもらった制度で運用したが、自社に合わなかった」「社長がテンプレートで運用するのが面倒になり、運用をやめた」「社員から不満が多かった」などです。

汎用性のあるものは決して悪くありませんが、自社の業務内容に則していないものや、運用する上で運用する気になれない制度は必ず形骸化します。

こういった状態の会社の場合、社員からは「いくら頑張っても評価されないので、もう頑張って仕事をするのはやめました」や「頑張って仕事をすると、ますます多くの仕事が降りかかってくるので、頑張った社員が損をする会社なんです」という言葉が出てくることも多いです。モチベーションが下がっている状態がうかがい知れます。

また、これは当然の流れですが、社員の退職リスクが非常に高まります。しかも退職する社員は総じて将来有望で能力や資質が高い社員です。そういった方は自分の市場価値をわかっているた

【図表 18　人事評価制度に対する満足・不満足の理由】

満足の理由

1位	会社の人事評価制度について具体的な情報を開示しているから	44.6%
2位	何を頑張ったら評価されるかが明確だから	41.0%
3位	努力した結果が処遇に反映されるから	24.7%
4位	評価基準が明確だから	24.0%

不満足の理由

1位	何を頑張ったら評価されるかが曖昧だから	54.4%
2位	評価基準が曖昧だから	47.6%
3位	評価の手続に公平性を感じないから	38.3%
4位	努力しても報われないから	31.5%

出典：2016年リクルートマネジメントソリューションズ「人事評価制度に対する意識調査」

め、もっと評価される会社へ転職することは自然な流れです。

逆に仕事に対して前向きではない社員ばかりが会社に残るケースが非常に多いです。頑張らなくても評価が同じなのであれば、そういった方からすると「評価のない会社」は非常に居心地いいでしょう。

自社のビジネスモデルや組織風土に合った内容で構築し、運用することに前向きでメリットの感じられる、そして成果の出した人に正当な評価がされ、動く組織となるような人事評価制度にしなければいけません。

パターン③人事評価制度は運用されているが、最終的な評価結果は社長が「鉛筆をなめて」決めている

これはパターン①と同じような構造ですが、パターン①との違いは制度自体が存在し、そして運用はされている状態です。「ミドルマネジメントを育てるため」「権限を委譲するため」という計らいで制度をつくり、運用をしている場合もありますが、最終的な評価は社長が「鉛筆をなめて」決めるため、結果的にマネージャーを育成する要素にも、権限を委譲しているわけでもなくなります。

結局社長が最終的な評価を決めるのであれば、直接社員の評価をするマネージャーの意味がなくなるため、マネージャーは「自分が部下を評価しても意味がない」という感情になるでしょう。マネージャーを育てるつもりが、逆にモチベーションの低下と無駄な作業を生んでいるとも言えます。

ビジネスとして最初に向かうべき相手は「市場」つまり「外」であるべきなのに、こういった組織は全社員が「社長」つまり「内」を見ながら仕事をしているため、売上が伸び悩む会社の1つの特徴と言えるでしょう。

パターン④人事評価制度の運用はしているが、マネジメントツールとして機能していない

給与や賞与を決める人事評価制度として機能している会社はもちろんあります。どのような形で給与が上がっていくか、賞与の決め方はどのようなルールか、等がしっかりと全社員に明示されている状態です。

この状態でも悪くはありませんが、当社から見ると非常に「もったいない」と思ってしまいます。人事評価制度をマネジメントツールとして使用していないために、個にマネジメントがついてしまう会社、個人プレーに走るような組織風土になってしまっている会社を多く見かけます。

給与の決め方はもちろん、マネジメントツールとして機能するような人事評価制度をいかにしてつくり上げるかが、年商30億円超えの限界突破できる組織となるかがカギです。

2　社員が動く人事評価制度のつくり方

理念・ビジョンに向かって社員が動く「人事評価制度」のつくり方

それでは具体的に「社員が能動的に動く」組織をつくり、年商30億円を超える会社となれるマネジメントツールとしての「自社のビジネスや組織風土に合った」人事評価制度の具体的なつくり方について触れていきましょう。

社員が動く人事評価制度構築ＳＴＥＰ①社員の意識調査

最初に取り組むべきは、自社の社員がどのような志向や思いを持っているのかを洗い出すことです。いわゆるコンサルティングとしてはプロジェクトスタートの王道である「現状把握」です。

人事評価制度がマネジメントツールとして機能するかどうかは、実際に運用にあたる社員がカギを握っています。だからこそまずは社員の志向や思いを洗い出す必要があります。

当社で実施した社員インタビューのコメント例をいくつか先述しているように、社員インタビューを実施すると、社内の人事評価制度に対する不満が次々と出てきます。それらをしっかりと受け止めながらも、「どのような行動や結果を評価してほしいか」「どのような行動や結果を評価して欲しくないか」という意見を聞き出すことが重要です。

社員の意見を一切取り入れず、社長の考えのみで人事評価制度をつくる場合によく起こりがちなことは、社員から「そのような役割は年に数回しか発生しない」や「いきなりそんなにレベルの高すぎることを求められても達成できない」など、役割レベルや現場状況の感覚にギャップが発生することです。そのような項目のまま人事評価制度をつくられても、社員を評価する側とされる側における評価ギャップが大きくなるだけで、何も役に立たない制度ができあがってしまいます。そういったことをなくするという意味では、必ず行っておきたいプロセスです。

ここで勘違いしていただきたくないのは、社員の意見をすべて反映させるわけではないことです。社員の方々の言うことをすべて取り入れてしまうと、恐らく社員全員の評価が上がるという「社員にとって都合のよい」人事評価制度ができあがってしまうでしょう。

そうではなく、会社に理念を浸透させるため、またはビジョンを達成するため、そして現場の状況の則した上で、よい意見であれば取り入れるべきという目的です。

また、社長が1人で作成したものを落とし込むより、一部の社員を交えて作成したり、社員の意見を取り入れた人事評価制度にすることで、社員も「しっかりと意見を取り入れてくれている」と人事評価制度に対する愛着も湧いていきます。

理念やビジョンへ向けて社員に動いてもらうために、この社員の意識調査は必ず行うべきです。

社員が動く人事評価制度構築ＳＴＥＰ②人事ポリシーの策定

人事ポリシーとは「会社の人に対する考え方を表明したもの」です。「人事評価上の理念」と言い換えてもいいでしょう。この人事ポリシーが自社の人事評価制度を構築、運用していく上で重要な土台となります。

人事ポリシーは図表19のように、企業理念や企業ビジョン、そしてミッション、バリュー、行動指針といわれる「会社のあり方」を示すものが根幹となります。それに付随して自社で働く「社

【図表 19　人事ポリシー】

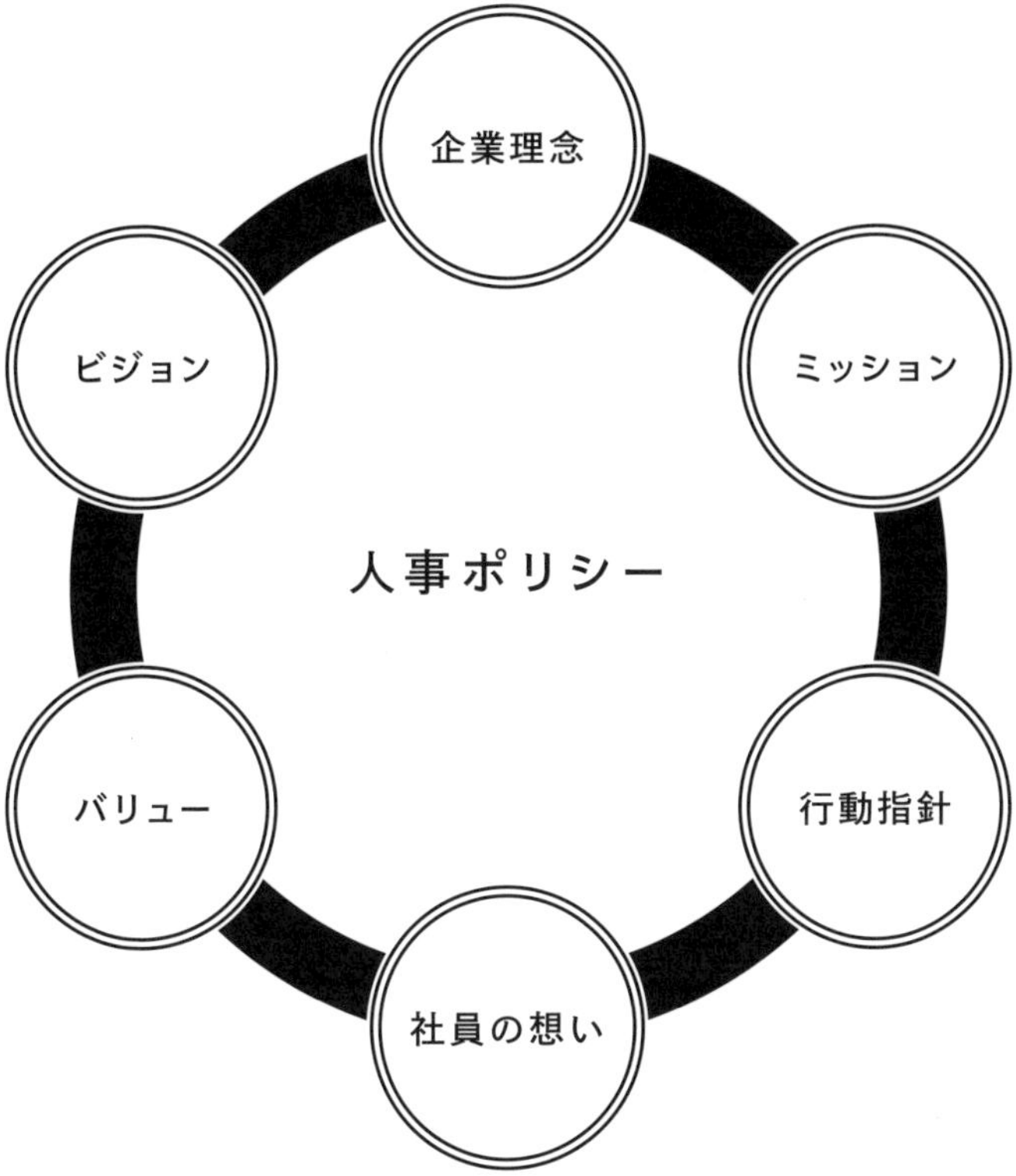

員の想い」が入ります。社員の意識調査で洗い出された、社員が会社に対してどのような想いをもっているか、という観点も人事ポリシーを策定していく上で大事な要素です。

この人事ポリシーは経営者の想い（理念やビジョン、ミッションやバリュー、行動指針などに言語化）を社員に浸透させるツールとしての役割でもあります。もし、現時点で自社の理念やビジョン、ミッションなどが全社で浸透していないと感じられた場合は、これらをもう一度見つめ直したり、人事評価制度の運用を通して浸透させていく仕組みをつくる必要があります。

効果的に人事評価制度を運用できていない会社は、こういった人事ポリシーをしっかりと設定せずに、場当たり的でテクニカル要素をふんだんに盛り込んだ「無機質な人事評価制度」になっている場合が多いです。こういった人事評価制度では社員に何も訴求できずに「ただあるだけ」の人事評価制度になります。

「何を評価するのか」からスタートして考えるのではなく、「会社としてどうありたいか。どのような社員になって欲しいか」そういった根幹の考えからスタートすることで、失敗しない人事評価制度の土台ができあがります。前段として理念やビジョンを浸透させることを鉄則の1に挙げた理由の1つにもそれがあります。

人事に一貫性を持たせて風土を醸成

明確な人事ポリシーが土台としてできあがると、人事上の施策に一貫性をもたせることができ、

【図表 20　人事ポリシー例（ソフトバンク）】

継続的な事業の成長・成功を実現するためには、
勝ち続けることができる組織であることが不可欠であり、
従業員が常に元気で活力にあふれた集団であることが重要と考えています。
ソフトバンクならではの活力を生み出すため、
チャレンジする人の可能性を支援し、成果を出した人にはしっかりと応えます

「勝ち続ける組織」の実現

300年続く企業になるために、「勝ち続ける組織」を実現します。
決して大企業病になってはダメ。
永遠のベンチャーマインドを持ち続け、全員が変化を楽しみ、
ワクワクしながら、目標に向かって進む。
そんな活力あふれる組織を追求し続けます。

「挑戦する人」にチャンスを

自らの成長に向けて挑戦する人を本気でバックアップします。
チャンスをつかむのは自分次第。
失敗を恐れずに、どんどん挑戦してほしい。
個性あふれる人材が集い、切磋琢磨し、
挑戦する人が成長できる機会をガンガン提供し続けます。

「成果」に正しく報いる

仕事の成果に正しく報います。
実力と意欲があれば、活躍の場は無限大。
年齢・性別・国籍・学歴なんて関係ない。
がんばって活躍したら、活躍した成果の分、きちんと報います。

会社が求める風土が醸成されていきます。土台となる人事ポリシーを基に「採用」「教育」「評価」すべてに一貫性が出ることで、会社が求める風土が醸成されます。

また、人事ポリシーを明確にすることは、「会社が求める人材」を明確にするということです。人事の入り口である「採用」において、人材採用をする際は、必ず応募者に人事ポリシーや会社が求める人材を伝え、それに共感してもらえる人材、そして自社としても合致していると思った人材を採用していきます。

「採用」の後は「教育」です。「会社はこういった人材になってほしいから、こういった教育をしていく」というメッセージが伝わる教育を行っていきます。社内研修の実施や育成の仕組みを構築、また外部研修などで教育をしていきます。

「教育」をして業務を行った結果を「評価」します。人事ポリシーが土台となる評価軸になっていれば、成果を出した人材が適切に評価されることになります。

このような流れで「採用」「教育」「評価」のすべてで人事ポリシーが土台となり、一貫性をもたせることで「会社の求める人材」が「会社の求める風土」を醸成していきます。

自社の風土がよくない原因

よく経営者の方々から「ウチの会社はあまり風土がよくないんですよね」という言葉を聞きますが、そういった会社のほとんどは会社の理念と人事ポリシーがリンクしていないか、または人事

【図表21　人事ポリシーと人事施策に一貫性を持たせる】

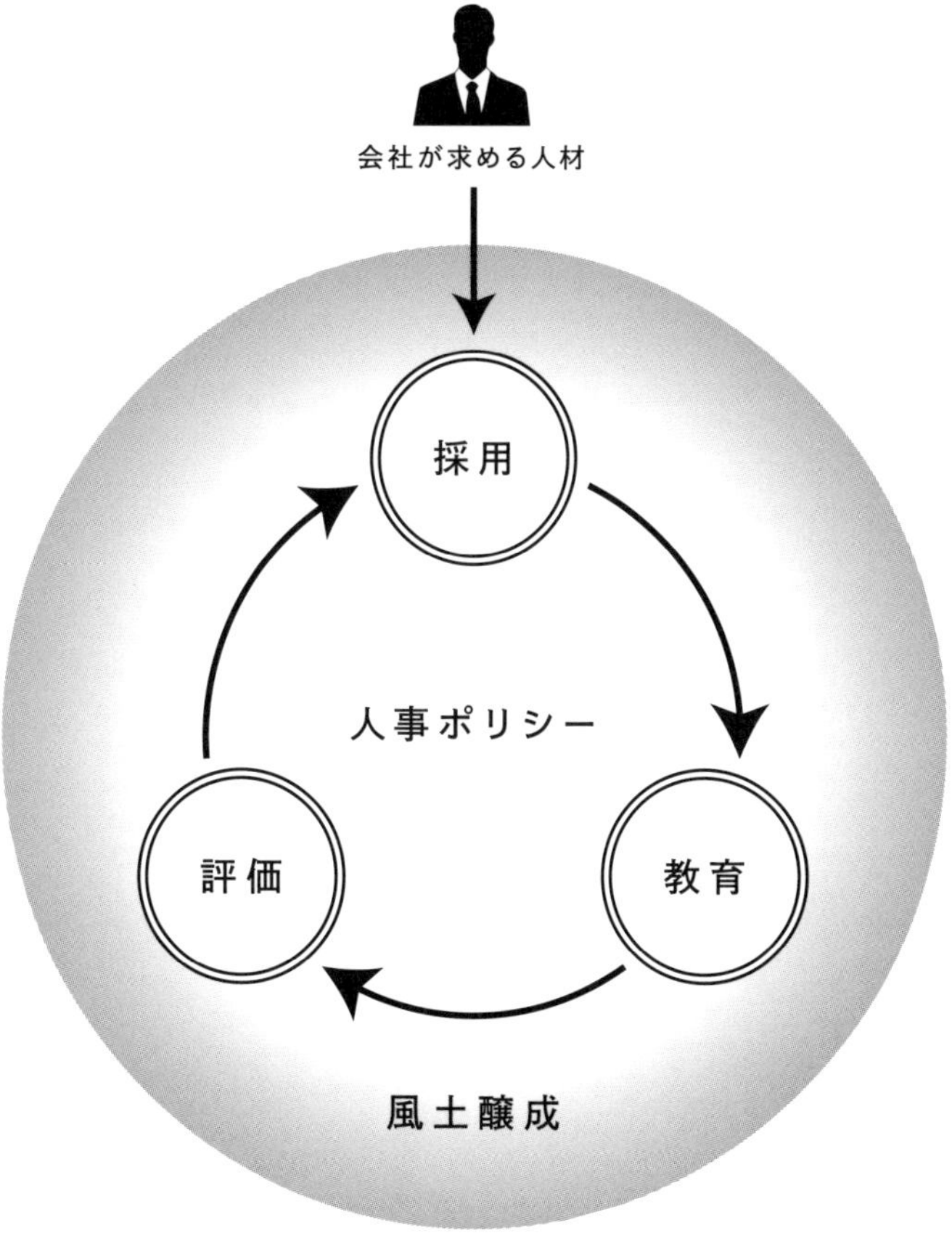

ポリシー、つまり「会社の求める人材」が明確になっていないか、もしくは「採用」「教育」「評価」に人事ポリシーが一貫性ある形で反映できていないかのいずれかです。

そもそも会社の理念と人事ポリシーに一貫性がなければ、社員に対するアプローチが「あべこべ」になります。

また、理念と人事ポリシーが一貫していて、求める人材を基準に採用ができていたとしても、教育や評価と連動していなければチグハグになり、よい風土を醸成して企業成長することは難しいでしょう。

例えば、採用時に「当社は年功序列ではなく、成果を出せば若い人材でも役職がつき給与もアップします!」と伝えておきながら、実際入社して成果を出しても給与は大きく上がらず、先輩や上司を追い抜くことができなかったら当然不満をもつでしょう。

このように、人事全体の根幹を担う人事ポリシーを具体的な制度設計に入る前段階で必ず策定していきましょう。

社員が動く人事評価制度構築STEP③ビジョン達成時の組織図の設計

ここまで土台が整って、ようやく人事評価制度の具体的な構築に入っていきます。……と言いたいところですが、構築していく上でまだ前提条件が残っています。

人事評価制度を構築したりリニューアルしたりする会社の多くは、最初に組織階層数の設定を行っていくのが常です。しかし、階層数を設定するにあたっては「現在の組織図」を頭に思い浮かべて設定するのではなく、「ビジョン達成時の組織図」を思い浮かべて設定していきましょう。

年商30億円を超える会社となるための1つ目の鉄則「理念とビジョンの浸透」でもビジョン達成時の組織体制について触れたように、これを人事評価制度とリンクさせる必要があります。

理由は2つあります。1つは、会社のビジョンというものは多くの場合「成長していくこと」を想定しているため、現状の組織図に合わせた形で階層数を設定していくと、整合性がとれなくなる可能性が高いからです。

例えば、年商10億円の会社が5年後に年商30億円を目指すとなった場合、社員に求められるスキルや能力がより高いものになっていきますし、従業員数も3倍以上になります。そうすると当然、現状の年商10億円の組織状態に合わせて人事評価制度をつくると、企業成長につれて組織と制度に齟齬が生じてくるのは目に見えています。

もう1つは、ビジョン達成時の組織図と、それを踏まえた形の階層数を人事評価制度上で社員に示してあげることで、社員個々の目標とキャリアパスが明確になるからです。

社員それぞれにビジョン達成時の部署とポジションを見せてあげることで「自分自身が将来どの位置にいたいか」「それには何をすればいいのか」というキャリアパスを鮮明にイメージすることができます。それにより、会社のビジョンと社員それぞれのビジョンがリンクし、社員のモチベーションと行動に拍車がかかります。

ビジョン達成時の組織図を共有し、そのイメージを人事評価制度に接続させることで、会社と社員のビジョンリンクも兼ねていきます。

社員が動く人事評価制度構築ＳＴＥＰ④組織階層数の設定

ＳＴＥＰ①～③の施策で自社の人事評価制度に必要な土台を整えた上で、具体的な制度構築に進んでいきます。

まずは社内の「階層数」の設定をしていきましょう。階層数は多すぎても少なすぎてもいけません。あまりに多く階層数を設定しすぎると、この後にも触れますが各階層の期待役割のグラデーションがききにくくなり、階層ごとの期待役割の差異が少なくなってしまいます。

逆に少なすぎると組織構成上の序列がハッキリしすぎるため、同じ階層内で昇格できずに留まり続ける社員が続出するという現象が起きやすくなります。

この階層数は人事評価制度上の言葉で「等級制度における等級数」や「グレード制度におけるグレード数」といいます。等級であれば1等級、2等級、グレードであればG1、G2、といった表現となります。「組織の序列を何クラスに分けるか」という考え方です。

くどいようですが、ポイントはビジョン達成時の組織体制です。経営数値達成のための戦略を、いくつの部署で、どのような組織構成で、何名の体制で、各社員がどのような役割で遂行していくかを想定して階層数を設定していきましょう。

社員が動く人事評価制度構築ＳＴＥＰ⑤各階層における期待役割の設定

階層数、つまり等級数を設定した後に、各等級における「期待役割」を設定していきます。期待役割とはその名のとおり、各階層の社員に期待する役割のことです。

本書では、等級制度というもので期待役割をつくっていく考え方を解説します。まずは「等級制度」の軸についてお伝えしていきます。等級制度の軸は大きく次の３つに分けられます。

・職能資格制度

社員の「能力」を軸にして区分する等級制度です。多くの日本の企業でいまだに採用されている制度ですが、能力があるかどうかの判断は難しいです。そのため基本的には「年数」で能力は身についている、と見なす制度となります。いわゆる「年功序列型」の制度になりやすいです。

・職務等級制度

社員の「職務」を軸にして区分する等級制度です。工場や土木など「技術職」の社員が多く存在する企業で用いられている制度ですが、いわゆる「同一労働同一賃金」の考え方であるため、スペシャリストを養成するためには優れた制度です。しかし、職務が変わらない限り給与が変わらないため、組織の硬直化や給与への不満が出やすいとされています。

・役割等級制度

社員の「役割」を軸にして区分する等級制度です。社員それぞれの役割を目標に落とし込んで、その達成度によって評価をしていく制度で、制度としての柔軟性が高く、社員の納得度も高くなりますが、運用には社員の自主性が求められます。

エースで4番社長が監督社長になり、年商30億円を超えるためには、③役割等級制度の考え方で人事評価制度の軸をつくっていきます。会社のビジョンを各部署へ落とし、各部署から各個人へ落とし込むという目標連鎖によって、自分自身の役割が明確となり、社員の自主性、主体性が生まれることでマネジメントが機能するからです。

期待役割のつくり方

「○○部の○等級の社員には○○という役割を求める」と表記することが期待役割の設定です。経営数値のビジョンを達成するための戦略を、各階層の各社員の行動に落とし込んだものと言い換えてもいいでしょう。

この期待役割のつくり方には3つの方法があります。

期待役割のつくり方①コンピテンシーから抜粋

期待役割のつくり方として、一番オーソドックスな方法は「コンピテンシー」から抜粋する方法です。コンピテンシーとはハイパフォーマーといわれる高い業績や成果を残す人の「行動特性」のことです。評価をする上で重要な考え方の1つとして「見えやすい」「評価しやすい」ということがあります。

従来の評価指標として多かった「能力」や「知識」などは、見えづらく評価しにくい側面があるので「年を重ねれば知識や能力はついてくるもの」として捉えられ、日本では年功序列型の制度が普及した背景があります。

そうではなく、なるべく見えやすく評価しやすい「行動」にフォーカスを当てていきます。能力や知識は持っているだけでは意味がなく、行動してはじめて効力を発揮します。だからこそ「行動に着目した形で評価をしていきましょう」というのがコンピテンシーを利用する考え方です。

世の中には様々な種類のコンピテンシー項目があります。コンピテンシーディクショナリーやコンピテンシーモデル等とも言います。そういったハイパフォーマーの行動特性の一覧から、自社の理念・ビジョン、業種や組織体制に合ったものを階層ごとに抜粋して設定する方法が「つくり方①コンピテンシーから抜粋」です。

メリットとしては、多くのコンピテンシーの雛型はどのような業種の会社でも、高い業績を出す上での行動特性を網羅していますので、汎用性が非常に高いです。そして雛型から抜粋していくだけなので、設定する時間が短く済みます。

ただデメリットとしては、コンピテンシーの雛型は汎用性が高いがゆえ、役割定義が抽象的な表現になりがちです。抽象的な表現の場合、会社が社員に役割として担ってもらいたい行動も抽象的に伝わってしまうため、自社のビジョンに向けた戦略が効果的に遂行できない可能性があります。

【図表 22　コンピテンシーの例】

コンピテンシー		基本定義
マネジメント系	ダイバーシティ・マネジメント	全ての人種、国籍、文化、障害、年齢、性別に関わらず、適切に対処する。また、全ての人を常に公平かつ公正に扱う、管理する。
	部下やその他の人材育成	各人のキャリアの最終目標を把握し、その目標の手助けをする。また、やりがいがあり、個の可能性を広げる仕事を与え、担当させることで育成をする。
	権限移譲	重要な仕事や決断の両方を信頼し、気持ちよく委任する。また、部下やその他の人に自分達の仕事を最後までやらせる。
	戦略立案	ビジョンや組織目標を達成するための取組みや方向性をプランニングする。幅広い視点をもって、可能性を検討する。
結果重視系	顧客志向	組織内外の顧客の期待や要求を満たすことを一義的に考え、顧客との有効な関係を維持し、信頼と尊敬を勝ち取る。
	創造性	新しくユニークなアイディアを多く思いつく。また、会議の場において独自性や付加価値を全面に押し出すような意見が多い。
	結果を出すための意欲	自分自身や他社の成果の確保を目指して、断固として前進する。また目的達成をするために周囲から頼られている。
コミュニケーション系	親しみやすさ	温かみがあり、感じが良く、礼儀正しい態度でいられ、人の話しに耳を傾けるなど良好な対人関係をうまくつくることができる。
	書面コミュニケーション	様々な伝達の環境や方式の中で、明確にかつ簡潔に文書に表すことができ、目指す効果のあるメッセージを伝えることができる。

期待役割のつくり方②コンピテンシーを参考にカスタマイズして作成

期待役割のつくり方２つ目は、コンピテンシーを参考に自社に合わせてカスタマイズする方法です。つくり方①でお伝えしたようなコンピテンシーの雛型から、抜粋した項目を自社の業種や業務内容に合わせて役割定義をカスタマイズ作成していきます。

例えば、コンピテンシーの例（図表22）にも掲載した「戦略立案」。この役割定義は「ビジョンや組織目標を達成するための取組みや方向性をプランニングする。幅広い視点をもって可能性を検討する」ですが、役割定義を自社用へ具体的にカスタマイズしたい場合、項目を「顧客戦略」にし、役割定義を「自チームの営業メンバー全員の１か月先までの見込顧客をリスト化し、見込顧客が常に50社以上ストックできる状態を担保できる」という定義にし、営業部の主任レベル等級に求める期待役割の１つにするような形です。このようにコンピテンシーを参考にカスタマイズすることで、より自社が求める期待役割に則したものができあがります。

また、今の例は「営業部の主任レベル等級に求める期待役割の１つ」と言いました。社員の階層レベルによって期待役割のレベルも異なりますので、同じ戦略立案でも課長の場合、そして部長の場合は役割定義の表現レベルが異なってきます。そういった点も考えながら、期待役割をカスタマイズする必要があるでしょう。

メリットは今の例でもおわかりのように、自社の具体的な業務の「役割」が明確になることです。

デメリットは、雛型から抜粋するよりは作成する時間が多くかかることです。また、あくまでコンピテンシーを土台にするため、期待役割の表現を考える際に柔軟性が薄れ、思考が縛られる可能性もあります。

期待役割のつくり方③完全オリジナル作成

期待役割のつくり方の3つ目は、完全に自社オリジナルで作成する方法です。自社のビジョンと戦略、業種や業務内容に合わせてオリジナル作成するため、期待役割がビジョン達成へ向けた戦略遂行と完全に合致したものになるメリットがあります。

理念・ビジョン・戦略と一貫した期待役割が具体的になればなるほど、社員の行動には迷いがなくなり、精度が増します。そうなれば当然成果も上がります。

しかしデメリットは、やはり作成における時間と労力が非常にかかることです。

完全オリジナル作成にも様々な方法はありますが、ここでは当社がサポートする際の手順をご紹介します。

まずは各階層の役割レベルをカテゴリー別に設定していきましょう。カテゴリーというのは、例えば「営業スキル」や「業務スキル」「マネジメントスキル」など、自社のビジョン達成のための戦略遂行において必要な要素を指します。これらのカテゴリーを洗い出したら、階層ごとに役割レベルを設定していきましょう。

当社でサポートする場合は管理職以上は必ず全員、場合によっては一般社員も集まっていただきます。そして「ポストイット（付箋）を利用しながら、意見出し→収束」とセッション形式で進めていきます。ちなみに、この手法はつくり方②のコンピテンシーベースでのカスタマイズでも利用できます。この手法を多く使っている理由は、人事評価制度の設計の段階から「社員巻き込み型」でやっていきたい意図があるからです。

エースで4番社長か監督社長になり、年商30億円を超えるためには、人事評価制度を実際に運用する社員の力が大きく関係してきます。であれば運用の主体となる社員にも制度設計から介入してもらうことで、他人事ではなく自分事として人事評価制度を受け入れてもらう必要があります。与えられたものより、自身でつくりあげたものやそのプロセスに関わったもののほうが、人事評価制度にかかわらず主体的になります。

また、この期待役割の設定のセッションに社員も入ってもらうことで、より理念とビジョンの浸透度が深くなります。ただの人事評価制度をつくるのではなく、理念・ビジョンを達成するための戦略遂行を主眼においた社員の役割と行動を考えるため、その期待役割を考えるプロセスの中で自然と理念・ビジョンが浸透していくのです。

社員が動く人事評価制度構築ＳＴＥＰ⑥評価ロジックの設定

各階層における期待役割を明確にした後に、評価ロジックを設定していきます。何段階評価にし、点数化した場合はどのように計算され、最終的な評価はどう算出されるのかを明確にしていきます。

この評価ロジックも人事ポリシーと一貫している必要があります。例えばプロセスの評価と成果評価の二軸で評価する場合、人事ポリシーで「成果を出した社員を当社は評価します」と伝えているにもかかわらず、評価がプロセスを重視した結果になっていれば「言っていることとやっていることが違う」となります。このような矛盾が、当たり前に行われている会社は非常に多いです。

このような矛盾が生じれば、当然社員の評価に対する納得性も低く、モチベーションの低下、最悪は退職へ繋がるリスクが生じます。

また、評価ロジックを設定する際は「わかりやすさ」を意識しましょう。複雑な計算式で評価ロジックを組むと、人事評価制度の浸透のスピードが落ちます。

そして評価ロジックには、昇降格の基準もしっかりと定めましょう。わかりやすい例で言えば、「主任」になるためには何ができていればよいのか、「課長」になるためには何が必要かなどの基準を明記するということです。そうすれば社員も目指すべきキャリアパスが見え、自身が習得すべきスキルや知識、経験が明確になります。

当社が顧客のサポートをする際、プロジェクトのスタートは必ず社員インタビューなのですが、「なぜあの人が自分より上の立場なのかわからない」や「何をすれば、どのような成果を出せば管理職に上がれるのかがわからない。不透明」と言った声を非常によく聞きます。

人は先の見えないことに関して不安を覚えます。先が見えなければ、取るべき行動も抽象的で真っ直ぐに進むことはできません。具体的に昇降格の基準を指し示すことで、先が見え、取るべき行動も具体的になり、成長スピードも速くなります。

人事評価制度で理念・ビジョンを浸透させるテクニック

人事評価制度で理念・ビジョンの浸透を強く進めていきたい会社の場合は、理念やビジョンに基づいた「行動指針」や「ミッション」など、理念・ビジョンを体現できるような項目を必ず評価項目に入れます。そしてプロセスの評価や業績の評価項目と「同列」で評価するのではなく、「別枠」で評価しましょう。

なぜなら同列で評価した場合、多項目との評価ウエイトの関係で重要性が薄まってしまうからです。プロセスや業績の最終的な評価に対して、行動指針など理念やビジョンを体現した評価結果を「掛け算」することで、総合的な評価にインパクトを与えることができるので、社員にとっても重要性が高まります。ぜひそういった仕掛けにしていきましょう。

社員が動く人事評価制度構築ＳＴＥＰ⑦評価ロジックと賃金制度の融合

評価ロジックの設定が終わったら、各社員の評価結果がどのような形で賃金に反映されるかを決めていきましょう。大きく分けると、「月給」に対してどのような変化が起こるのか、「賞与」の額にどのように影響するのかの２つです。

例えば半期や通年の最終評価が5段階中「4」の評価の場合、「月給は○円上がる」という形で評価ロジックと賃金制度を融合していきます。賞与に関しても、最終評価のランクによって○等級の社員は○万円、または○か月分、あるいは営業利益の○％といった形で明記していきます。この辺りの額の決め方をどうするかは業種や組織風土などによって、最適な形を選ぶ必要があります。

特に賞与に関しては、「原資分配制」をおすすめしています。例えば、会社の半期の営業利益の○％を「賞与原資」とし、等級と評価によって、各社員の分配賞与金額が決まる方法です。

この手法を取ると、社員が賞与を増やす方法は2つです。自分の評価を最大限に上げることと、会社としての営業利益の額を最大限に増やすことです。自分の評価だけがよくても、賞与原資自体が少なかった場合は取り分が減りますし、逆に賞与原資が多くても自分の評価が低ければ取り分は減ります。つまり自分の評価と会社の業績、どちらも意識しながら仕事に取り組むようになります。

また、この分配制を社員の方々に説明するときに、「営業利益」の観点もしっかりと伝えていきましょう。「売上」という数字で分配制にすると、よくも悪くも営業部のみが目立ってしまい、他部署の社員に当事者意識が芽生えません。何なら「今回の賞与が低いのは営業のせいだ」と他部署が営業部を非難し始めたりします。

営業利益の場合、売上の他に「費用」という考え方があるので、原価をいかに抑えるか、残業をいかに減らすか、など全部署が利益を上げるために当事者意識で仕事に取り組みます。残業が多い会社はこの手法を使うことで、「残業を必要以上にすると賞与が減る」という当たり前のことに気づき、その意識だけでマネジメントが変わり、残業時間が大幅に削減される会社もあります。

こういった形で、ただ給与や賞与を決めるだけではない複合的な効果を、人事評価制度の様々な部分に散りばめることで、社員が成長し動くシステムとして機能します。

また、前提として給与の決め方はオープンにしていきましょう。これは社員個別の給与をすべて開示するということではなく、「課長の役職についている社員は○万円〜○万円の月給レンジ」という見え方にするということです。給与の決め方や給与テーブルをブラックボックスにしている会社も多く見受けられます。たしかにブラックボックスにすることにより、社員の不満を出にくくする効果もありますが、それは不満をブラックボックスの中に「溜めて」いるだけの形になり、溜まればいつかは爆発します。

給与を透明化することで、見える化になり、不満を溜まらせず、社員のモチベーションアップにつながるシステムにしていきます。

社員が動く人事評価制度構築ＳＴＥＰ⑧トライアル運用

人事評価制度の構築ができたら、本格運用せずにトライアル運用をしていきましょう。トライアルをせずにいきなり本格運用をすると、制度の内容に不備があったり、実際の業務の実態と評価内容にズレがあった場合、修正が効きにくくなります。そういったことがないように、構築した制度を一冊の資料にまとめ、全社員に内容を落とし込んだ後に、期間を決めて「試用」していきます。

トライアル運用といえども、目標設定から進捗確認、最終評価決定まで本格運用と同様のプロセスをとっていきます。一連の流れを社員に体験してもらい、運用してみての感想や意見などフィードバックをもらいます。

内容によっては社員にとってだけ都合のよい制度になってしまう可能性もあるため、社員からのフィードバック内容をすべて反映させるわけではありませんが、運用上差し支えあるものに関しては修正をし、修正した内容を再度社員に落とし込んで本格運用に向かいます。

ここで社員にも感触をつかんでもらい、運用に前向きになってもらうことで、社員が動く人事評価制度の構築が完成します。

年商30億円超えに必要なシステム化

以上のような形で、理念・ビジョンに向かって社員が動くシステムを人事評価制度でつくっていきます。

年商30億円未満の組織であれば、社員成長や行動にアプローチしたシステムがなくとも、売上成長していけた会社もあると思います。しかし、年商30億円を超える組織づくりとなった場合、これまでの従業員の数やレベルが違ったものになってきます。

エースで4番の社長のリーダーシップだけでは、全社にその影響力とマネジメントが行き届かない組織になっていくため、「リーダーシップ型」から「マネジメント型」の組織へと、「組織のあり方」を変えていき、システム化していかなければなりません。

【図表 23　年商 30 億円の限界突破　鉄則２まとめ】

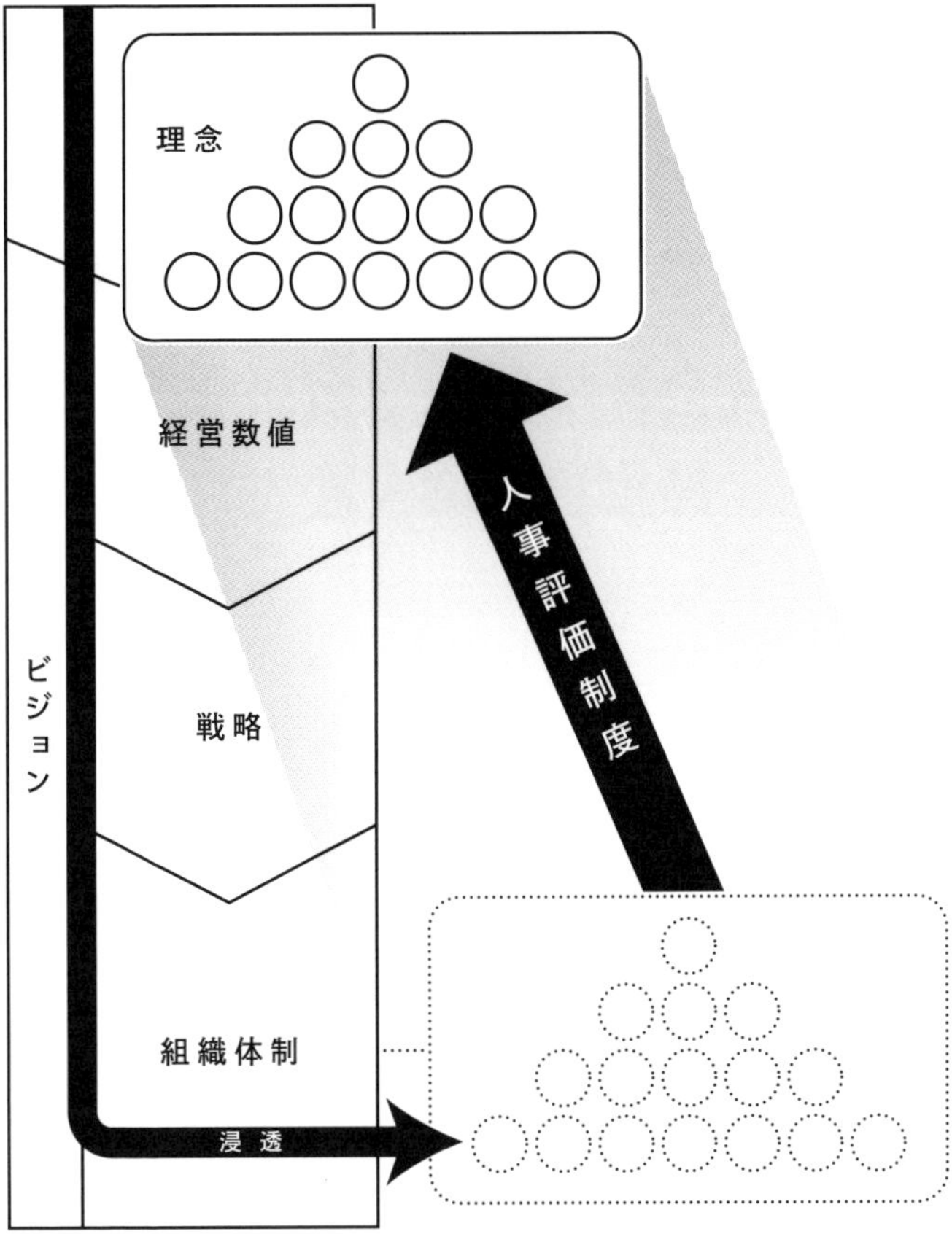

社員が理念・ビジョンに向かって
能動的に「動く」組織をする

年商30億円超えの企業事例【2】

拠点展開の戦略のもと、人材、仕組みなどで足場を固め堅実に成長

株式会社早稲田学習研究会
理事長　柳沢武志

そのシステム化が年商30億円を超える組織フェーズで取るべき1つの考え方だと言えます。

北関東１の学習塾

当社、早稲田ゼミは、創業以来「生徒第一主義」の理念のもと、質の高い授業と徹底した面倒見のよさを実現してきました。

その結果、東京・埼玉・栃木・群馬県内に約40拠点を展開して、１万７０００名を超える生徒が通うまでに成長しました。現在は北関東1の学習塾となっています。

創業から売上は順調に伸びていますが、学習塾業界はとても地味な仕事なので、ＩＴ業界のような成長曲線は描かないと思っています。努力して、堅調に伸びていく形です。逆に、しっかりとした運営をしていれば、不景気にも左右されません。２００８年のリーマンショック時でも売上と生徒数は減ることなく、むしろ伸びました。

塾業界はあらゆる「箱ものビジネス」の中でも、設備投資が圧倒的に少ないという特徴が挙げられます。極論を言えば部屋を借りて、ホワイトボードと机と椅子を設置するだけで授業ができます。

また、毎月の月謝が発生するので、利益もとりあえずは出しやすい。しかし、どうしても「人」に集約されるビジネスなので、無理な多店舗展開や多事業展開など、手を広めてしまうとうまくいかない場合が多いように感じます。

当社は北関東1の学習塾であることも、手を広めずに愚直に地道に努力してきたからだと自負しています。

ブレイクスルーの理由

そのような中でも、当社が創業から年商30億円を超えるまでブレイクスルーした理由は、「生徒第一主義」の理念に共感した社員が圧倒的な熱量で戦略を遂行したことだと思います。

当社の戦略は他塾では絶対できないセグメントで勝負していて、それが「駅から離れた場所に大きな教室を出す」ということです。なぜ他塾がしないかというと、駅から離れた立地の場合、アルバイトが集まらず教師の確保が非常に難しいからです。当社の場合、教師を全員正社員で採用、そして車通勤のため、駅から離れた立地でも教師が集まってくれます。差別化のコツは掛け算。

①駅前より家賃が安いので、経費が安い。
②郊外には塾が少ない。
③郊外のほうがむしろ生徒の自宅は近い。
④授業料も低く抑えられ、価格競争にも勝ちやすい。
⑤圧倒的な正社員教師による指導力。

これらの相乗効果がブレイクスルーの理由だと思っています。

このように「絶対勝てる場所」で拠点展開の戦略を行っており、また戦略が理念と一貫しているので、社員も戦略を遂行しながら理念浸透されていました。しかし、組織が大きくなるにつれて、当然課題も出てきています。

【株式会社早稲田学習研究会　理事長　柳澤武志様】

課題は人

一番の課題は人。まだ理念やビジョンが全社員に完全に浸透しているわけではないと感じます。ゴールのないことだとは思いますが、創業から最初の数年は社員数もまだ少なかったので、創業者の理念共有はしやすかったと思います。その浸透度が戦略を遂行する社員の圧倒的な熱量として、順調に売上を伸ばしてきました。

現在でも売上は順調に伸びているものの、社員数がかなり増えたことで、今までのやり方ではない理念共有を考えていかなくてはなりません。今後は人事評価制度と紐づけた形で、全社員により深く浸透できるようにしていきたいです。

ＷＩＴＨの人事評価制度コンサルティングを受けた理由は、まずデジタルな部分で言えば、当社は現在上場準備をしていますので、そのための評価制度を設けるためです。

さらに言えば、人事評価制度はただの給与を決めるものではなく、理念やビジョンを共有する根底のものでもあると思うので、人事評価制度＝戦略とも捉えています。

今後のビジョン

当社の今後のビジョンはまず上場です。また、事業としては中学部、ハイスクール、ファースト個別の三本柱をそれぞれの戦略で固めていくことです。中学部は高利益体質事業なので、それに甘んじず商品力を上げる投資を行う方針で、さらに強固な事業にしていきます。

ハイスクールは完全な成長路線。よい教師も多く採用できているので一気に拡大していくフェーズです。

そしてファースト個別は立ち上げて間もない事業のため、市場のニーズを解決できるような事業にしていきたい、というビジョンです。

現在は年商50億円なので、売上で言うと次の目標は１００億円ということになるのでしょうが、冒頭お伝えしているように売上が急激に上がるという業界ではありません。また当社としても急激な拡大は求めていないので、事業や人材、仕組みなど様々な面で足場を固めていきながら堅実に成長していき、結果的に１００億円に到達していたらよいと考えています。

今後も「生徒第一主義」の考えのもと、生徒の成績を上げて、生徒が笑顔になる、生徒が幸せになるという喜びを通して事業を推し進めていきたいと思っています。

【図表 24　早稲田学習研究会の売上推移】

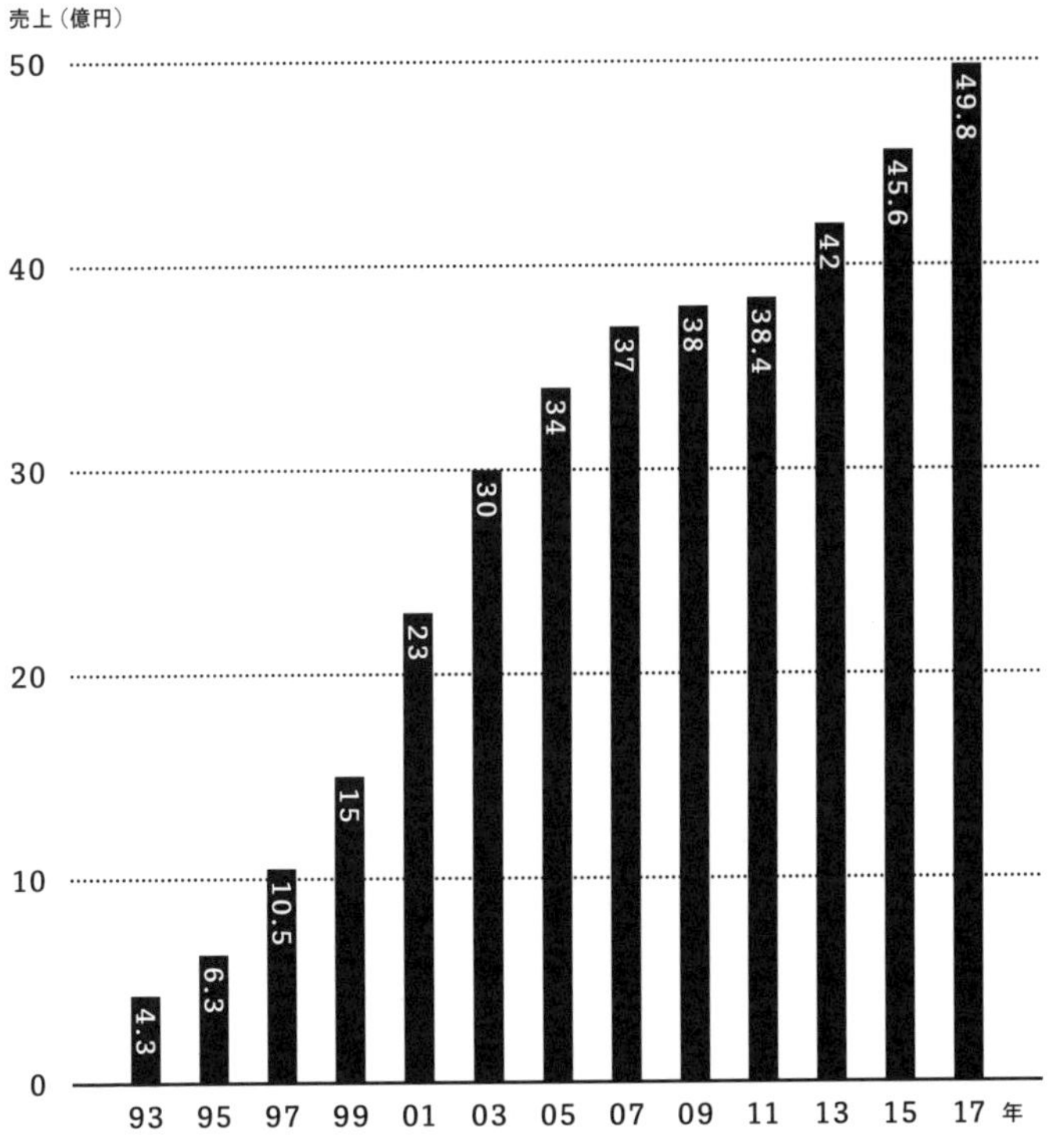

【図表25　早稲田学習研究会　年商30億円突破のポイント】

理念とビジョン、戦略と組織が一貫していたことで
理念浸透のスピードが加速され、
社員の行動に圧倒的な熱量が生まれ
ブレイクスルーした。

×

3C分析とバリューチェーン分析により、
自社が勝てるセグメントを見つけ出し、
競合優位性を担保し続けたまま
エリア戦略が効果的に進んだ。

×

更なる理念・ビジョン浸透を目指し
人事評価制度を整備することで、
社員成長を含めた人事戦略全体への効果を狙い、
上場を目指していく。

第4章
鉄則3
組織マネジメント力を強化する

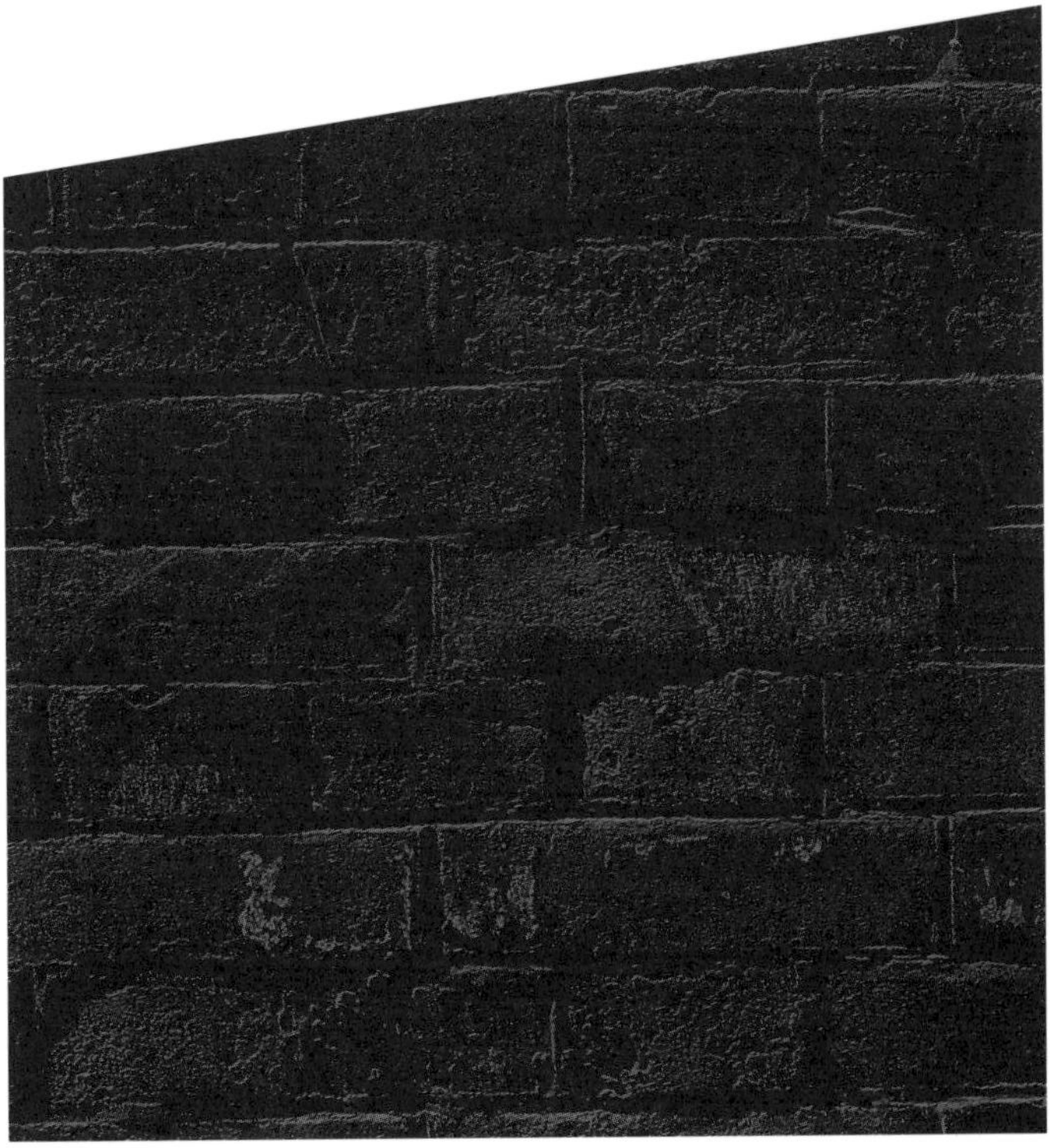

1　人事評価制度運用で必要となるマネジメントスキル

マネジメントのシフトチェンジが必要

年商30億円を超える鉄則の3つ目は、組織マネジメント力の強化です。年商30億円を超えるためには、社長がエースで4番の状態から卒業し、実質的な階層型組織にしていかなければいけません。個人の能力に依存したマネジメントから、マネジメント力を組織の中につけていく——マネジメントの「シフトチェンジ」が必要です。

つまり、マネジメント力を会社、そして組織につけていくことで、どのような人材がマネージャーになっても、マネジメント力の水準を常に一定以上に保ち続けられる組織になることができます。それにより、人材のよし悪しになるべく左右されずに、社員の成長が安定化され、売上を伸ばし続けることができる会社へと変貌を遂げていきます。

ミドルマネジメントを強化する3つの視点

年商30億円超えの階層型組織の肝は、ミドルマネジメントの強化です。これまでエースで4番だった社長が監督社長となり、トップマネジメントの役割に集中するためには、ミドルマネジメントの役割を管理職に移譲し、そのマネジメント力を強化しなければいけません。

ミドルマネジメントを強化するためには、次の３つの視点があります。

①権限
②機会
③スキル

部下のマネジメントをする上で、まずはそもそも権限がなければマネジメントすることができません。権限がなくとも組織の論理で表面的にマネジメントはできますが、権限のないマネージャーの言うことを聞く部下はおらず、マネジメントは機能していないと言えるでしょう。

そして、権限があってもマネジメントをする機会を意図的に設けなければ強化できません。この「意図的に」というのが機会を得るためのポイントです。

最後に権限と機会があってもスキルが足りなければマネジメントはうまくいきません。このスキルの強化もマネジメント力を上げていく上で当然ながら必要となります。

マネジメントの権限

マネジメントの権限は、どのような形で与えられるか。様々な考え方がありますが、最もわかりやすいのは「上司が部下の給与を知っていて、その部下の給与を決める権限がある」というものでしょう。つまり上司が部下の未来を握っている状態です。

第３章でもお伝えしたように、最終的な評価と給与を決めるのがエースで４番の社長の組織では、部下にとって部長や課長などの存在は、「役職ばかりで権限のない管理職」です。部下は社長を見て、社長の評価ばかり気にするため、ミドルマネジメントが効果的に機能しません。

しかし、自分の直属の上司が自分の評価と給与を決めるとなれば話は別でしょう。上司との接し方も必然的に変わってきます。管理職側にしても、部下の給与に関わるということは「部下の人生に関わっている」状態になるため、部下に対するマネジメントの意識も変わってきます。

つまり、ミドルマネジメントが人事評価制度運用の中心となることが、マネジメントの権限の中でも最も効力のあるものと言っていいでしょう。

マネジメントの機会

マネジメントの機会は部下の仕事の管理など、日常の中でも都度あります。その中で意図的に機会を設けたいときは、人事評価制度の運用をフルに活用しましょう。人事評価制度は「構築」ももちろん重要ですが、同等かそれ以上に重要なのが運用です。

人事評価制度は自社のマネジメントを機能させるマネジメントツールとして活用すべきであり、運用でポイントになるのはＰＤＣＡサイクルです。ＰＤＣＡサイクルは、

Ｐ（ＰＬＡＮ）計画

Ｄ（ＤＯ）実行

Ｃ（ＣＨＥＣＫ）評価

Ａ（ＡＣＴ）修正

の４つを繰り返し回すことで、継続的に業務を改善していく手法として多く知れ渡っています。

これを人事評価制度の運用に該当させていくと、次のようになります。

Ｐ　計画……期初の各社員の目標設定

Ｄ　実行……設定した目標へ向かって実行する

Ｃ　評価……実行の結果を上司が評価する

Ａ　修正……評価の結果、修正があればフィードバックする

マネジメントのベースはＰＤＣＡにあります。ＰＤＣＡを人事評価制度の運用で回すことで、マネジメントの機会を意図的に設け、マネジメント力を上げていく構造をつくっていきます。

マネジメントツールとして機能していない人事評価制度

マネジメントツールとして機能していない人事評価制度は、この人事評価上のＰＤＣＡサイクルを評価期間の一度だけしか回していない制度です。例えば半期(6か月)が1つの評価期間の場合、「期初に（Ｐ）目標設定をし、６か月間（Ｄ）実行し、半期が締まったタイミングで（Ｃ）評価し、最終評価が終わった段階で（Ａ）修正のフィードバックをする」流れです。

本書で度々登場する住宅資材の専門商社のＣ社も、当社がお手伝いする前はこのようなサイクルで人事評価制度を運用している状態でした。このようなサイクルで人事評価制度を運用している多

くの会社でありがちな反応が、C社の社員インタビューでも起きていました。

「期初に半期の目標を立てても振り返ることがないので、半期終わったときに『ああ、そういえばこんな目標だったたな』とぼんやり感じることしかないので特に意識していないです」

「マネージャーから半期の評価を受ける面談の際、開講一番『○○君の目標って何だっけ？』と自分の目標シートを探しながら言ってきたのにはさすがにカチンときました」

このような意見を言う社員がほとんどです。人事評価上のＰＤＣＡを１回しか回さない会社の場合、こういった状況が頻繁に起きています。

目標は放置すると腐ります。上司も部下も設定した目標を意識せずに行動する状態は、まさにマネジメントが機能していない状態だと言えるでしょう。

人事評価制度でＰＤＣＡを回し、マネジメント力を上げていく

このような状態に陥らないために、人事評価制度で細かくＰＤＣＡを回していく必要があります。取り組むべきことは、人事評価制度のＰＤＣＡである、

Ｐ　計画……期初の各社員の目標設定
Ｄ　実行……設定した目標へ向かって実行する
Ｃ　評価……実行の結果を上司が評価する
Ａ　修正……評価の結果、修正があればフィードバックする

を1か月単位で実施することです。

最終的な評価結果は半期や通期で決定していきますが、ここでのポイントは期初に「上司と部下で握り合った目標」を1か月ごとにレビューしていく形をとることです。目標は放置するとカビが生えて腐ります。そうならないように最低限のサイクルが1か月です。

当然ながら、期初に立てた目標をどの程度達成するかによって、社員の評価は変わります。であれば、「部下の評価に直結する目標を、どのように上司がサポートして達成に導いていくか」を細かくマネジメントすることが必要不可欠です。

例えば、3月決算の会社で、半期（6か月）が1つの評価期間の場合、上期の評価期間は4〜9月ということになります。その場合、3月末までに目標設定を完了するのですが、目標設定の際、目標を達成するまでの「マイルストーン」をしっかりと設定していきましょう。

マイルストーンとは「道しるべ」です。4月から9月までの6か月を1か月ずつ細分化し、1か月ごとの達成度合いとアクションプランを計画していくのです。そして4月の1か月間、行動した結果を4月末に上司と1on1でミーティングをし、1か月間のレビューをしていく中で、達成できていれば称賛し、5月のアクションについて変更がないかを確認していきます。もし達成できていない場合でも同様に、まずは取組み自体を称賛し、5月に向けた是正点やアクション、目標の変更などを話し合っていきます。

観点としては、部下の取組みに関してフィードバックをするだけではありません。上司の立場として部下の成功にどう貢献できるか、具体的なサポートを伝えるようにしましょう。部下の目標達成に向けて、どれだけ上司がコミットしているかは、言葉より行動でサポートをするほうが部下から信頼を得る上で圧倒的に効果があります。

また既述のとおり、マネジメントのテクニックの1つでもありますが、達成できていてもいなくても、まずは部下を称賛することが必要です。よく「詰め会」と言われますが、部下にできなかった理由を問い詰めるだけのマネジメントでは効果がありません。まずは「この上司に話しても安全だ」と思える場をつくることが、上司部下間で効果的なマネジメントができる土台になります。

この土台があれば、社員からは目標以外に対する悩み相談なども出てくるようになります。それらを解消していくことで、退職リスクを抑えることもできるでしょう。また、ビジネスとしてだけではなく、人間的な信頼を得ることもでき、部下との関係性も強固なものになります。

こういった形で1か月ごとに目標に対して、PDCAを回していく機会を意図的につくっていきます。PDCAはスピード、間隔をより短く、そして頻度をより多くするほど成果が上がります。

このサイクルを回していくことで、上司部下共に目標への意識が強くなり、達成へ向けたマネジメントを数多く行っていくことで目標達成の確率が大きく上がっていくのです。

マネジメントのスキル

マネジメントの権限を与えられ、マネジメントの機会を設けたら、同時にマネジメントのスキルも上げていきましょう。いくら権限と機会があっても、スキルが全くなければ、ミドルマネジメントが機能しなくなります。マネジメントのスキルは、すぐに上がっていくものではありません。日々の実践の中で、徐々にスキルを上げていくことが必要です。

間接マネジメント

マネジメントスキルを上げる1つに、人事評価制度にてマネージャーが部下をマネジメントする「直接マネジメント」を機能させるとともに、間接マネジメントを機能させる必要があります。つまり、経営層がマネージャーに「マネジメント」を行います。

管理職が部下と人事評価制度のＰＤＣＡを回すと同様に、経営層と管理職の組み合わせでＰＤＣＡを回していきます。ここで経営層が何をマネジメントするかというと、管理職自身の目標設定に対してＰＤＣＡを回すだけではなく、管理職が部下に対して人事評価の１ｏｎ１ミーティングを実施したときに「どのようなマネジメント、フィードバック、サポートをしたか」を開示してもらい、そのマネジメント方法に対してマネジメントしていきます。

もし、そこで管理職が部下に間違ったマネジメントや不十分なフィードバック、サポートなどをしていれば、その部分を指摘し、具体的にどのような形で対応していくかを経営層が管理職にフィードバックします。それにより管理職の知見が高まっていき、マネジメントスキルが強化されます。

監督がコーチに対して、選手の育て方を教えていくような形です。そのような間接マネジメン

【図表 26　マネジメントのＰＤＣＡ】

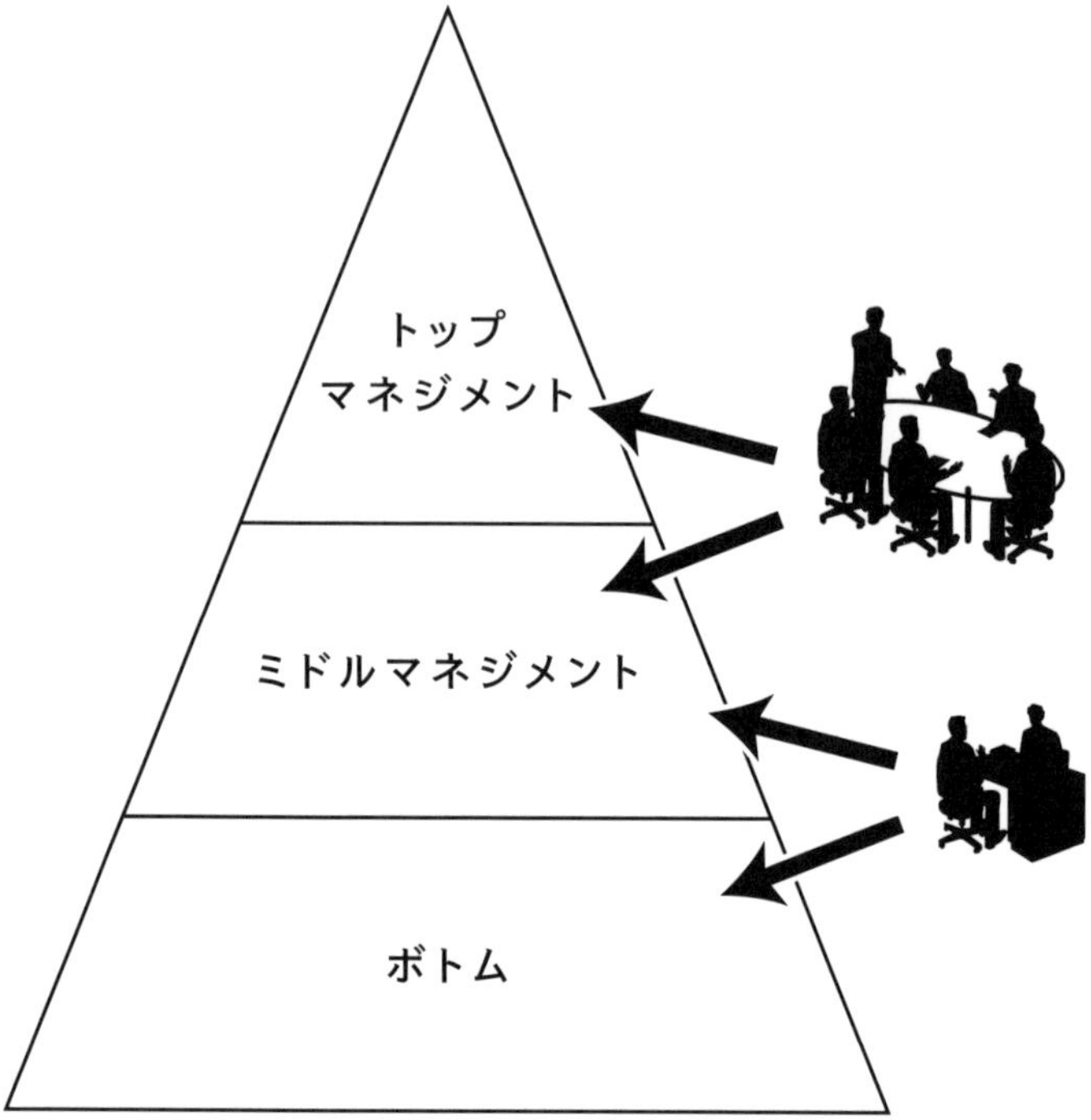

直接マネジメントと間接マネジメント
それぞれにＰＤＣＡを機能させる。

トの継続的な機能化を、管理職のマネジメントスキルを継続的に強化する仕組みにしていきます。

人事評価制度設計の段階で教育を行う

人事評価制度は専門用語もあり、何も知識がない状態のマネージャーがいきなり運用を始めてもうまくいきません。新しく人事評価制度ができたことを発表しても、気になるのは給与テーブルだけの社員も多くいます。

そのままの状態では絶対に機能しないため、特に社内の中でもキーマンを対象にして、戦略や組織といった基本的概念を踏まえた上で人事評価制度の考え方などを、３か月から半年程度かけて教育しましょう。制度設計に携わるというプロセスを踏むことで、スムーズに機能していきます。

このプロセスで運用に入ることができれば、人事評価制度の目的や意義、考え方などをすでに理解している状態のため、運用におけるスキルを短期間で伸ばすことができます。

半年前までは戦略も組織もわからなかった営業課長が「ウチの人事ポリシーは」「主任の期待役割は」といったコミュニケーションをし始めます。そうすると部下にも自らが人事評価制度の説明ができるようになるため、社員はコンサルタントなどの外部の人間から人事評価制度を説明されるより、よっぽど説明を聞く体制になり浸透していきます。

最終的には社内が共通言語で会話できるようになります。そうなると、より一層理念・ビジョンが浸透していき、会社が求める組織風土が醸成されていくのです。

アセスメント力の強化を査定会議で

人事評価制度を「ＰＤＣＡを回すマネジメントツール」として活用するとともに、そもそも部下に「適切な評価を下すことができる」というアセスメント力の強化も重要です。

評価をする人を「考課者」と呼びますが、その考課者が部下を適切に評価できるように「考課者の役割」「考課手順」「目標設定や行動計画の立て方」「目標の展開と分解」など様々な考え方を習得していく必要があります。

また、各社員の最終的な評価を決裁する場である「査定会議」に、部下を持っているマネージャーを全員参加させましょう。年商30億円未満の会社の場合、多くは直属の上司と部下が面談を行って評価をする「一次評価」があり、その一次評価を携えて査定会議の場で最終評価を決裁する、二段階評価プロセスになります。

その査定会議でのマネージャーの役割は、「部下の評価を可能な限りまでよくすること」です。つまり、マネージャーが部下の成果をプレゼンテーションする場になるということです。

意欲や性格などの問題で成果が出なかった社員や、取組み不足で評価の低い社員などは無理に評価を上げる必要はありませんが、成果を十二分に出した社員はもちろん、成果はもう1つだけど取り組む姿勢など、今後に期待できる社員などは、できるだけ評価を高くしてもらえるよう働きかけます。

その意欲と結果が部下の信頼を更に寄せると同時に、マネージャー自身のアセスメント能力の強化にもつながります。

評価目線の統一

この査定会議では必ずと言っていいほど起こる現象があります。それは期待役割を設定して同じ評価基準にしていても、自分の部下に対して厳しい評価をするマネージャーもいれば、自分の部下に「甘々」の評価をつけるマネージャーも出てくることです。これはどちらのマネージャーもマネジメントができているとは言えません。

この査定会議の場でそのような「不整合」の状況が出てきたときに、経営層含めてマネージャー同士で整合性を取る議論をしていきます。甘い評価に対しても厳しい評価に対しても、理不尽なまま評価を見過ごすと、必ず社員の不公平感を抱きます。そうなれば人事評価制度が機能せず、理念・ビジョンに向かう組織としての推進力が低下してしまいます。

ここでは査定会議メンバーで議論を重ねながら、評価目線を統一させていくプロセスが重要です。目線の違うメンバー同士がその基準をすり合わせていく過程においても、マネジメント力が強化されていきます。

また、評価目線を統一した上で決まった最終評価を部下にフィードバックをする際も、査定会議で出た議論も併せて伝えるといいでしょう。部下にも評価目線を同じように持ってもらうことで、以後のマネジメントやコミュニケーションが非常にスムーズになります。

多面評価で全社員を意識づけ

評価の仕方には様々な種類があります。その中でも多面評価が効果的な会社、もしくは特定の評価項目に関して効果的な場合は、多面評価を実施することをおすすめしています。

多面評価とはその名のとおり、多くの人から評価をされることです。多くの場合、上司部下間の「1対1」での評価ですが、この評価形態を「全社員から」もしくは「同じ部内全員から」「グループ内全員から」など、多くの人から評価をさせる仕組みを部分的に取り入れるのです。

例えば、すべての評価を多面評価にする会社もありますが、「業績評価は数字でデジタルに評価しやすいため、プロセスの評価だけを多面評価にする」とか「理念の体現をより推進していきたい」ということであれば、行動指針などの基本行動の評価のみを多面評価にするなど、会社のビジネスモデルや規模、組織風土によって効果的な選択をしていきます。

多面評価に関しては、評価をする側の作業や目線合わせの手間と時間がかかるなど、様々なデメリットがありますが、全社員が考課者として同僚や上司、部下の仕事ぶりを意識する意味では非常に効果的なものにもなります。

特に基本行動を多面評価にした場合、社員によって評価の結果が変わることがあります。これは決して悪いことではなく、もしそうなったとしたら「ウチの基本行動の○○は△△ができて□の評価だよね」と価値基準をすり合わせる好機です。そのすり合わせの過程が、さらに理念を体現する基本行動の浸透に繋がっていきます。

2　一般的に求められるマネジメントスキル

もう１つのマネジメントスキル

自社の日常の業務に人事評価制度をマネジメントツールとして活用することが、マネジメント力を強化する上で最も効果的ですが、日常のマネジメント力を補佐する意味で、一般的なマネージャーに求められる汎用性の高いマネジメントスキルの習得も効果的です。

世の中で提唱されるマネジメントスキルは、すべて原理原則のものです。人事評価制度における日々のマネジメントが「実践的」だとしたら、「机上」で学ぶマネジメントスキルがそれに当たります。

図表27のような形で、マネジメントレベルの階層によって必要なマネジメント能力を一覧にしました。概念的な要素が多いですが、こういった一般的な管理職に必要なマネジメント能力というものを机上で学び、日常のマネジメントで試しながら実践をしていくことで、効率的にマネジメントのスキルと精度が上がっていきます。

理念・ビジョンと一貫した教育モデルとして

これらの一般的なマネジメントスキルにおいては、社内で教育する体制や仕組みをつくっていきましょう。お気づきの方もいらっしゃると思いますが、前章の「期待役割」でもお伝えしたコンピテンシーに通ずるような項目もいくつかあります。

何を教育するかは、会社の社員に対する理念やビジョン浸透のメッセージと同義です。理念・ビジョンを達成するために、どのような人材になって欲しいかを前章までで定義しました。であれば定義した人材になってもらうために、会社として社員にその能力を高めてあげられるような教育モデルをつくるべきです。

ここに一貫性がなければ、「求めるだけで会社は何もサポートしてくれない」と思われ、会社に対するエンゲージメントも弱くなってしまいます。

組織マネジメントを強化するマニュアル化

教育の体制、仕組みができあがることで、組織としてのマネジメント力は大幅に強化されます。年商30億円を超える過程の中で、新卒、または中途採用を通して新入社員を増やしていくフェーズが必ず訪れます。

新しく入社してきた社員をなるべく早く成長させ、かつ一人前になる前に退職してしまうことを防ぐためにも社員を育成する仕組みは必須です。

育成する仕組みには、これまでお伝えした人事評価制度を活用したPDCAも手法の1つですが、自社の業務ノウハウを「マニュアル化」していくことも推奨しています。

例えば、年商10億円規模の会社であれば、エースで4番の社長や一部のできる社員が、OJTな

【図表 27　マネジメントスキル例】

<table>
<tr><th>マネジメント
階層</th><th>コンセプチュアル
スキル</th><th>ヒューマン
スキル</th><th>テクニカル
スキル</th><th>ファンダメンタル
スキル</th></tr>
<tr><td>トップ
マネジメント</td><td>戦略立案力
組織運営力
意思決定力
リスク管理力
財務分析力</td><td>交渉力</td><td></td><td rowspan="3">ハラスメント
メンタルヘルス
ダイバーシティ</td></tr>
<tr><td>ミドル
マネジメント</td><td>戦術立案力
問題解決力
企画立案力</td><td>コーチング力
ファシリ
テーション力
折衝力</td><td></td></tr>
<tr><td>ロワー
マネジメント</td><td>応用力</td><td>プレゼン
テーション力
報連相</td><td>業務処理能力
ＰＣスキル
業界知識</td></tr>
</table>

※マネジメント能力における階層はカッツ・モデルを参照

どを通してコミュニケーションを取りながら教育する手法で事足りていました。しかし、年商30億円に向けて社員が増えていくと、その手法だけでは教育が追いつかなくなってしまいます。

社長や一部のできる社員では手が足りなくなると、他のマネージャーに教育を任せようとしますが、そのマネージャーが社長と同じように社員を教育し、同じスピードで成長させられることはほぼ不可能です。それは社長と社長以外のマネージャーでは教育するスキルと、教育する基準が違うことが原因にあるからです。

教育する力に関しても「個」につけるのではなく「組織」につけていく必要があり、その1つがマニュアル化だと言えるでしょう。

「S部長流」「I課長流」「T係長流」

当社の顧客に、埼玉県の不動産会社K社があります。当社に相談に来られたときのK社は、「ここ数年、年商17~18億円で売上がぴったり止まった」という状況でした。不動産会社と言えば、バリバリの営業会社。売上が伸びるかどうかの大きな要因は組織営業力にあります。その営業組織がどのような状態になっているかをお尋ねしたところ、第一営業部、第二営業部、第三営業部、という3つの営業組織に分かれており、それぞれの部のトップが「S部長」「I課長」「T係長」でした。この3名が各部の営業社員を直接マネジメントしている状態です。

それぞれの部の中でどのようなことが起こっていたかというと、新卒や中途含め、都度社員を採用し、各部へ配属していましたが、なかなか新入社員が成長しなかったのです。稀に成長して売れる社員も出てくるそうですが、そういった社員は「もともと素養がよかった」という社長。素養がよければ売れる社員に育ち、そうでなければ売れない社員になり、最悪は辞めていく「採用ありき」の教育体制になっていました。

それぞれの部の責任者が、それぞれ自己流の感覚で教えるため、「S部長流」「I課長流」「T係長流」のような営業流派ができあがっていました。顕著なのは、営業社員の1人が第一営業部から第二営業部へ異動になった際、「I課長の仕事の進め方は、S部長から教えられた仕事の仕方と正反対だったので、とても戸惑いました」とコメントが出てきたことです。その営業社員は異動先のI課長流の仕事で進めないといけなくなったため、順応するために多くの時間を割かなければいけなくなり、教育も成長もまた一からスタートすることになってしまったのです。

こういった状態が、結果的にK社の営業社員の成長の遅れによる売上停滞を招いた大きな要因の1つとなっていました。

また、面白いことに、こういった営業組織構造の場合「第二営業部では全く売れなかった社員が、第三営業部へ行ったら爆発的に売れるようになった」という現象も稀に起こりました。それぞれの責任者が自分の感覚で教えるため「感覚が合う」上司についた社員は急に成長するのです。

ただ稀な例ですし、運もあります。ある意味「博打」の配置転換による教育であるため再現性がありません。逆に、売れている社員が営業部内異動したことで、売れなくなることもあります。

博打の教育ではなく、確実な教育を

このような博打的な教育ではなく、年商30億円を超える組織に成長していくためには、より確実で再現性の高い社員成長が望める教育が必要です。売れる営業ほど教えるのが苦手です。それは売れる営業ほど「感覚」で売っているからです。自身でもなぜ売れているのか、売れるコツのようなものを明確にアウトプットすることができません。またそういった売れる社員は「売れない社員」の気持ちがわかりません。

売れるけど教えるのが苦手なマネージャーほど「何でこいつは売れないんだ」と売れない社員を教育することに対してフラストレーションが溜まり、教育に疲れるのです。これはエースで4番の社長も同様です。

感覚で教える博打的な教育を、確実な教育にするためにマニュアル化は最適なソリューションです。K社の場合、社内でトップの成績を誇る社長をはじめ、先述した3名の責任者の営業ノウハウを「言語化」し、共通言語で売れる営業ロジックにしてマニュアル化しました。そのマニュアルを基に、ロールプレイングを含めた研修形式でノウハウを落とし込んだことで、「安定的に売れる社員」を続出させ、ボトム社員の底上げに成功しました。

これは「感覚」ではなく、売れる理由やポイントを抽出して言語化したため、社員ごとの理解の仕方にバラつきが出ないことで起きた結果です。売れる人の営業ノウハウを他の社員も同様に体現できれば、売れる組織になるのは当然の結果と言えるでしょう。

以降、各営業部では「○○流」ではなく、そのマニュアルを基に新入社員に営業を教えることが基準となったため、「上司の相性で育つかどうかが決まる」や「あの人とこの人ではやり方が違う」などの現象は起こらず、どの営業部でも安定的に売れる社員に育ってくれるような体制となり、２年前に年商30億円を突破することができました。

誰でも売れる営業モデルのマニュアル化

ただ単に社内で売れる社員のトークを書き綴っただけのマニュアルでは実はあまり効果がありません。K社の場合、顧客との面談を３つのブロックに分けて、それぞれのブロックに売れる社員のノウハウを誰でも使えるようにカスタマイズし、モデルをつくり込んでいきました。どのような考え方で売れる営業モデルをつくり込んだかをご紹介していきます。

面談ブロック①インパクト

顧客との面談の最初のブロックは､面談が始まってからの「最初の5分」です。このブロックを「インパクト」という言葉で表します。文字通り、顧客との面談の最初の5分でインパクトを与えることを目的にするブロックです。顧客側の気持ちから考えると､初対面の営業担当が面談相手の場合、必ず警戒心を抱きながら面談が始まります。

顧客が警戒心を持ったままの状態では営業は当然うまくいきませんので、最初の5分でインパクトを与えることによって、自社のサービス、または自分自身に対して興味をもってもらい、面談に対して「前のめり」になってもらう必要があります。前のめりまではいかずとも、せめて「何となく信頼できそうだな」「面白そうだな」と思ってもらわないといけません。この最初のブロックでインパクトが与えられないと面談が後手後手に回ってしまい、営業の成功確率がグンと下がってしまいます。

ここでは顧客にインパクトを与えられるようなトークとアイスブレイクをつくり込んでいくのですが、「70秒の法則」を意識してトークを組み立てていきます。ニュース番組で観るストレートニュースのほとんどは70秒〜90秒の長さにまとめられているそうです。これには理由があり、それ以上に時間をかけると視聴者は長すぎると感じ、短いと物足りなく感じるからです。つまり話を聞く人の集中力は70秒〜90秒しか持たないということです。インパクトを与えるトークも同じように考えなければいけません。自社の説明を長々とダラダラしても逆効果のため、1テーマ70秒という時間を意識しながらトークを組み立てていきましょう。

面談ブロック②ヒアリング

面談ブロックの2つ目はヒアリングです。「営業は話すより聞け」という近年よく言われる原理原則通りですが、前段階でインパクトを与えられていないと顧客も腹を割って話してくれない、ということをまずは念押しします。ヒアリングにおいては、顧客の要望や問題意識などをしっかりと把握することはもちろん、顧客の状況を抜け漏れなく聞くためにヒアリングのためのチェックシートをつくっていきます。

面談ブロック③サジェスト

最後の面談ブロックはサジェストです。一般的によく使われる「プレゼン」ではなくサジェストという言葉にしているのは、サジェストには提案という意味だけではなく「示唆する」「連想させる」という意味があるからです。自社の商品やサービスをただ提案するだけでなく、その商品サービスを手に入れたときのイメージを顧客に連想させることがポイントです。70秒の法則やバリュー、顧客事例などを設計し、資料とトークにまとめることで効果的なサジェストができます。

組織のマネジメント力は安定経営力と比例する

確実な教育体制というのは、営業でいうとトップセールスをつくるわけではありません。むしろトップセールスは教育だけではできあがらず、再現性がないのです。ある程度のレベル以降はその人の才能やパーソナリティ、努力によってしか超えられない壁があります。また、トップセールスは市場価値が高いため、転職や独立リスクも高くなります。組織運営をする上では「諸刃の剣」とも言える存在でしょう。

ポイントは「安定的に稼げる」「安定的にパフォーマンスしてくれる」人材を多くつくることで、組織の「土台」を強固にすることです。そういった人材が多ければ多いほど、堅実に成長していく組織となります。

また、教育体制を仕組み化し、組織としてのマネジメント力をつけていけば、人材の代謝が多少あろうとも、新しい社員を安定的に成長させることができるため、会社運営として高い安定性を誇ることができます。

内勤部門でもマニュアル化

ここまでは組織の中でも営業部門に特化してお伝えしてきましたが、マニュアル化が必要なのは内勤部門も同様です。業務を遂行していく中で、新入社員になるべく早く業務を覚えてもらい、成長してもらうためには当然ながら教育が必要です。

特に内勤部門に関しては、前章でお伝えした人事評価制度上の各階層における「期待役割」と連動させてマニュアル化をしていきましょう。各階層によって求められる業務レベルやスキル、知識が異なるため、段階を踏んだ教育が効果的です。

社員それぞれの階層において期待される役割と、それを達成するためのスキルなどを細分化してマニュアル化していきます。それによって「会社が期待する役割」と「役割を果たしてもらうために会社が行う教育」がリンクしていきます。内勤部門においても全体的なレベルを上げていき、生産性や確実性を高めていくために、マニュアルで仕組み化する教育体制というものは必須です。

教えることを期待役割に

マネージャーと言われる管理職には、教えることが嫌い、苦手という人が多く存在します。中小企業の管理職のほとんどは社員のマネジメントだけを業務とするのではなく、自らも現場仕事をしながらマネジメントをするプレイングマネージャーです。

自分自身が請け負っている「現場」での仕事でも成果を出さなければいけないため、「教える時間がない」「部下に教える、やらせるくらいなら自分でやったほうが早い」と思い、教育することを「放棄」しているマネージャーもたくさんいます。これはある意味仕方がないともいえる状況です。

ただ、「教えない」「自分でやったほうが早い」という行動は、部下の「成長の機会を奪う」と同義です。結果的に部下が育たないため、管理職である自分自身にさらに多くの業務が降りかかってくる悪循環を引き起こしている組織も珍しくありません。

先述したK社の第三営業部のT係長もそうでした。新入社員が入社してきても、教育をしてもなかなか売れず、仕事も遅い。でもT係長自身にも個人の売上目標があり、その達成が最重要であるため、「この社員は売れない」と判断すると、新入社員の教育よりも自分自身の営業活動にウエイトを置くようになっていました。

結果的に、自身の売上目標は達成するものの、部下は目標を達成することができないため、部としての売上目標が危うくなってきます。そうすると、部下の見込客で特に有望な顧客をすべてT係長が引き継ぎ、自分自身で営業して、契約を取ることで、なんとか部の目標を達成するということを繰り返していました。

当時はT係長自身も疲弊し、また売れない営業社員は次々と会社を辞める状況になっていたのです。

このままの状態では組織として大きくならず、売上も成長していきません。であれば部下を育て、組織を育てることを管理職の期待役割にしていく必要があります。つまり「当社の管理職は、自分自身で成果を出す人材よりも、部下に成果を出させた人材が価値の高い人材である」とメッセージにするのです。

例えば課長、主任、社員2名の合計4名の営業体制で月間売上が1000万円の場合、「課長が600万円、主任が200万円、社員がそれぞれ100万円売り上げるグループの課長」よりも、「課長が200万円、主任が300万円、社員それぞれが250万円売り上げるグループの課長」のほうが評価を高くするように設定します。

K社でもその期待役割につくり直し、先述したマニュアル化とともに教育する仕組みを推進したことで、T係長自身が「しゃかりき」になって売ることが徐々になくなり、また部下の教育にウエイトを置き始めたことで、営業メンバー全員が安定的に売れる部になっていきました。

T係長が「これまでは部下に対して『何で売れないんだ』と信頼できずに、自分が頑張ることでなんとかしてきましたが、今は部下が売ってくれますので、目標達成に向けて自分自身が疲弊することがなくなりました」と言ったことに、K社の社長は「会社としても大きな変化だった」と私に伝えてくれました。

このような形で期待役割に部下育成とマネジメント強化の意思を込めることで、マネージャーの教育への意識と行動を変え、組織マネジメント力を底上げしていく構造を意図的につくり出していきます。

【図表 28　年商 30 億円の限界突破　鉄則３まとめ】

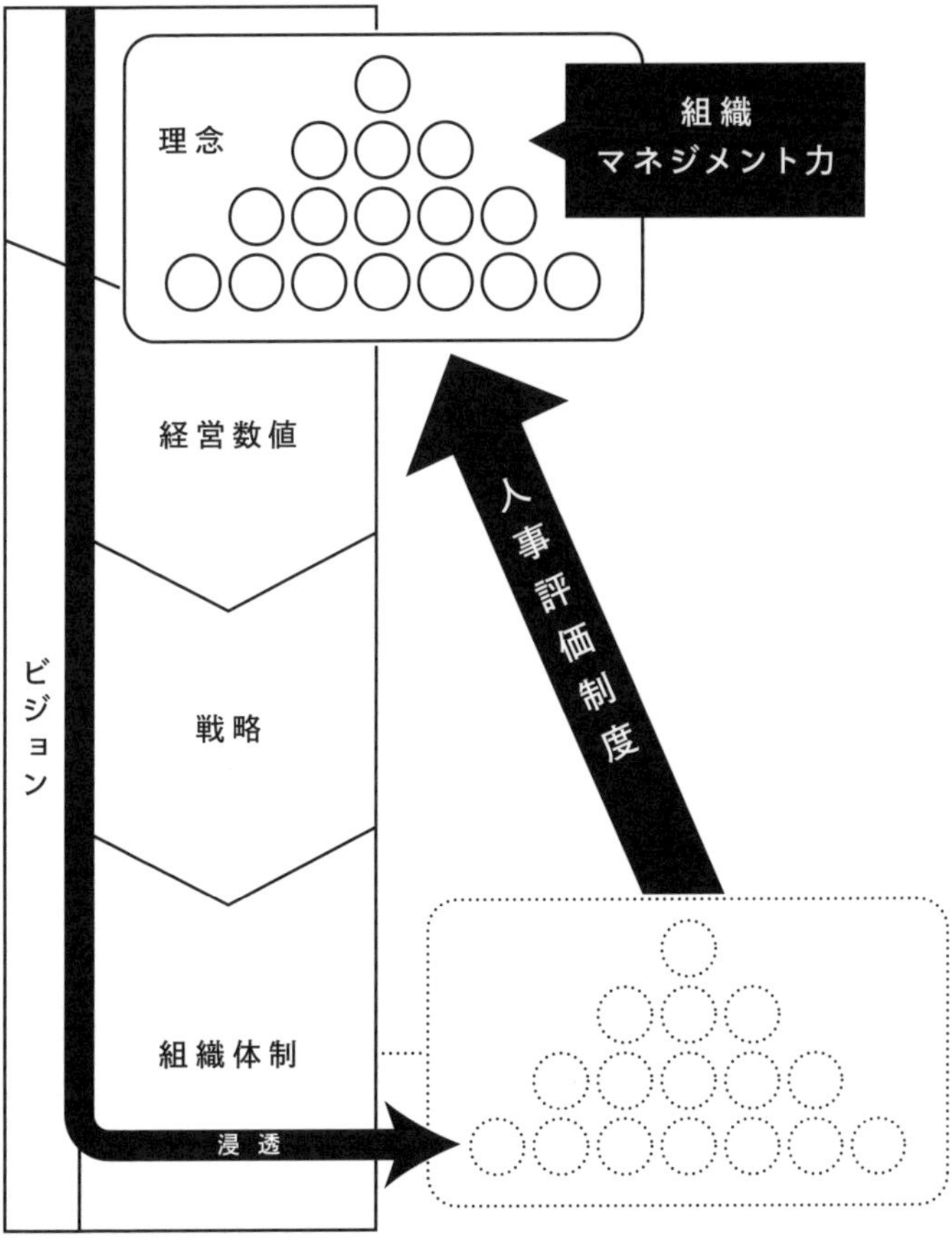

組織マネジメント力を強化し
会社成長の限界突破で年商30億円超えを目指す

年商30億円超えの企業事例【3】

「エースで４番」型の組織から
階層型組織に変化しつつ成長

ライフサポート株式会社
取締役　長田有司

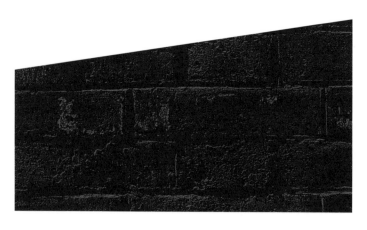

エースで４番型の組織

当社は現在、保育事業と介護事業の2事業を運営しています。私が取締役になった10年前は介護事業が主力で、保育事業はこれからの状況でした。「ゆりかごから墓場まで」、人のライフ（人生）をサポート（支援）するコンセプトのユニークな会社でした。

当時の組織は、経営幹部が主に意思決定やマネジメントを行っていて、他のスタッフ含めて全体を取り仕切る、まさに「エースで4番」型の組織でした。この頃の介護事業は大型の有料老人ホームの成長期であり、大きな組織を動かすことが必要で、トップダウンがとてもよく機能していました。

年商50億円に成長した要因

10年前の年商20億円規模の会社が、現在の50億円の会社までに成長した要因は大きく分けて3つあると思います。

①保育事業の成長

まず1つ目は保育事業の成長です。当時、世の中の時流にも乗り、年に3～4の保育園を開設していきました。また、当時主流ではなかった子育てひろば事業や学童クラブなど、行政からの受託事業に着目して展開したことも成長の後押しになりました。

当社の事業は制度の理解が不可欠です。その制度も行政によって様々で、時流によって変化し

【ライフサポート株式会社　取締役　長田有司　様】

続けるのも特徴です。新しい事業展開につながり続けるために、情報収集↓分析↓理解↓実践という流れができたことで、安定した事業拡大に繋がったと思います。その事業展開の流れができたことで、組織をもっとフレキシブルなマネジメントのスタイルに変えていく必要がありました。

②理念・ビジョンの浸透

２つ目は理念・ビジョンを浸透させることにより、マネジメントの概念を強化したことです。当社の理念は「わが社は、保育事業と介護事業を通して、明るく豊かな福祉社会の実現を目指します」。さらにそれを具体化した形で「経営方針」と「行動指針」があり、行動レベルにおいては、「社員の心構え」と「組織、人財、利益マインド」へ細分化される形で行動を定義しています。

特に重要視している考え方が、ホスピタリティとビジネスの両面で事業を考えることです。社長がホテル業界出身のため、ホスピタリティに理解があり、それが全社によく浸透している要因だと思います。介護や保育の事業というものはホスピタリティ精神がなければできませんが、結局は事業であるため、ホスピタリティだけでは利益が出ずに存続できないのも事実です。この両面での考えをいかに浸透していくかを徹底していきました。

保育園の先生という方々は基本的に「職人タイプ」が多いです。ホスピタリティ精神が高いため、「質の高いサービスを」という思いで日常業務に励んでいます。よいことですが、そうであるがために過剰なサービスがしばしば発生し、利益が出ない状況がよく起こります。

そこで当社が取り組んだのが、園長はもちろん、主任と呼ばれる先生の中でも管理職スタッフに対して、経営感覚とマネジメントを教育することでした。「会社として利益を出すことはどういうことか」という基本的なことはもちろん、損益計算書の読み方などをしっかりと伝え、「ビジネスを存続させていくためには何が必要か」を徹底的に浸透させていきました。

そうすると、経営数値の感覚が徐々に身についてきて、「余裕をもって仕事をする、その余裕が無駄なのではないか」とサービスの品質を落とさず、いかに利益を出すかという考えが当たり前になってきたのです。

さらにマネジメント力を上げていくために、先生と言われる職員の方々へコミュニケーションのあり方や、職場のリーダー研修も定期的に実施しました。そういった研修を通して学んだことをすぐに現場で活用し、何か問題が起こった場合に経営層へフィードバックし、間接的にマネジメントするという流れができあがったのです。

③マネジメント力の強化

３つ目は落とし込んだ理念とマネジメントの概念をもとに、人事評価制度に落とし込み、マネジメントコミュニケーションを密にしたことにより、マネジメントが更に強化され、また適切な評価により社員のモチベーションが上がる好循環ができたことです。

当社のライフサポート理念はクレドのように小さく携帯するようになっていて、事あるごとに唱和をしています。しかしながら、理念と現実が則していないところもあるので、それをより近づけるのが今後の課題であります。

また理念浸透していく上で、当社の理念やビジョン、行動指針などはすべて人事評価制度に反映して、それらを体現した社員が適切に評価させる仕組みにしました。そうすると、当社が大事にしていることを社員1人ひとりが意識し、行動してくれるため、組織の価値観が1つにまとまっていったのです。

このほか人事評価の過程の中で、管理職と社員が定期的に1on1で目標の進捗について面談することで、評価期間を終えたときの最終的な評価も、上司と部下の間で大きなギャップが発生することはまずありませんので、適切な評価がなされるようになりました。それにより社員のモチベーションの向上という効果が得られたことはもちろん、不満をもって社員が辞めていくということも少なくなりました。

さらにマネジメント上のコミュニケーションが密になったため、現在進行形で起こっている現場の問題について素早く解決できるようになり、管理職のマネジメント力が上がりました。現場の管理職では対応しきれない問題については、我々経営層が管理職に対して間接的にマネジメントすることで対応し、それが管理職のマネジメントノウハウの蓄積になり、マネジメント力が更に上がっていく流れを生み出しました。

階層型組織へと進化の過程

現在では現場で発生した問題は、ほとんど現場の中の裁量で解決できるような組織になりました。「エースで４番」の組織から、現場の直接マネジメントと経営層の間接マネジメントからなる真の「階層型組織」になりつつあります。

今後、介護は現状維持をしながら、成長著しい保育事業に更に力を入れるつもりです。特に、近年、ネイティブスピーカーの先生による英語の保育園を買収したので、そこのネイティブスピーカーの先生を各保育園に派遣、導入することで英語での保育にも力を入れていきたいと思います。

しかしながら、マネジメントスタイルの変換、マネジメント力が改善したと言っても、まだまだ理想からはかけ離れていると認識しています。今後も積極的な商品開発と組織つくりを中心とした内部統制をしっかり固めていきたいと思っています。

【図表29　ライフサポートの売上推移】

期	事業年度	売上（千円）
12	H17.10-H18.9	1,989,469
13	H18.10-H19.9	2,227,433
14	H19.10-H20.9	2,510,468
15	H20.10-H21.9	2,726,069
16	H21.10-H22.9	2,934,824
17	H22.10-H23.9	3,123,850
18	H23.10-H24.9	3,407,516
19	H24.10-H25.9	3,464,259
20	H25.10-H26.9	3,710,278
21	H26.10-H26.12*	958,556
22	H27.1-H27.12	3,933,052
23	H28.1-H28.12	4,335,448
24	H29.1-H29.12	4,568,732
25	H30.1-H30.12	4,978,108

＊決算月変更

【図表 30　ライフサポート年商 30 億円突破のポイント】

クロスＳＷＯＴ分析による
「強み」×「機会」の積極路線の戦略を見逃さずに
保育事業という成長性の高い業界への
参入に成功した。

×

経営目線やビジネス感覚のない社員に対して、
経営数値やマネジメントスキルを習得させたことにより、
経営目線で日常の業務を遂行する社員が増え、
ビジネスとして問題解決や物事を捉えられるようになった。

×

人事評価制度をマネジメントツールとして機能させることにより、
組織としてのマネジメント力が上がり、
現場の中だけで直接マネジメントが機能する
真の「階層型組織」となった。

おわりに

本書の内容を通して、自社が年商30億円を超える組織になれるイメージをもつことができたでしょうか?

お伝えした3つの鉄則ができていなくとも、年商30億円を超えている会社はもちろんあります。しかし、この3つの鉄則ができていない、または不十分なために年商30億円を超えられずに伸び悩んでいる会社が多いのも現実です。

本書は、年商30億円という1つのわかりやすい会社の「壁」を超えるための「考え方」「具体的手法」「企業事例」の3つの構成のもと、よりリアルで実践向きの内容にいたしました。

よく「理念経営」と言われますが、時代による市場と人材の質の変化によって、それだけで売上の限界突破は難しくなりました。同様に、人事評価制度の変更だけ、マネジメント力を強化するだけなどの単発の施策のみで売上の限界突破を可能にする組織づくりはできません。

理念・ビジョンの浸透で社内全員のベクトルを合わせ、人事評価制度によりそのベクトルに向かう社員を能動的に動かし、動く社員の成果を最大化するためにマネジメント力を強化する。

本書でお伝えした3つの鉄則をすべて組み合わせ、一貫性を持たせることで、自社の売上の限界突破をし、年商30億円を超える組織をつくり上げることができます。

会社は「人」です。私は、戦略やビジネスモデルに限界を感じている会社でも、「人」をいかに成長させ、「強固な組織」にするかで企業成長の限界突破ができると信じ、そして多くの企業でその限界突破を実現してきました。

その信念とノウハウの詰まった本書が、貴社の年商30億円超え目指し、限界突破を可能にする組織づくりの一助になれば幸いです。

WITH株式会社　代表取締役　佐々木　啓治

2020年4月

著者略歴

佐々木　啓治（ささき　けいじ）

ＷＩＴＨ株式会社　代表取締役
1984年生まれ　山形県出身。企業の年商30億超えを専門にサポートする日本で唯一のコンサルタント。大学卒業後、人事コンサルティングファームに入社。３年で50社のコンサルティングに携わり、2010年に独立。
企業の「年商30億円の壁超え」に特化した独自ノウハウで、これまでサポートに携わった83%の顧客を年商30億円の壁超えに導く。顧客から「ここ数年、売上が15億で停滞していたが、年商30億を超えることができた」「社長である自分が現場から卒業しても、売上を上げ続けられる会社になることができた」など、高い評価を得る。現在も「すべての顧客に成果を出す」をミッションに日々奮闘中。

年商30億円の限界突破　３つの鉄則
エースで４番社長から監督社長へ

2020年5月14日 初版発行　　2021年8月24日 第4刷発行

著　者　佐々木　啓治 ©Keiji　Sasaki
発行人　森　　忠順
発行所　株式会社 セルバ出版
〒113-0034
東京都文京区湯島1丁目12番6号 高関ビル5B
☎03（5812）1178　　FAX 03（5812）1188
https://seluba.co.jp/
発　売　株式会社 創英社／三省堂書店
〒101-0051
東京都千代田区神田神保町1丁目1番地
☎03（3291）2295　　FAX 03（3292）7687

印刷・製本　株式会社丸井工文社

Printed in JAPAN
ISBN978-4-86367-578-0